PSYCHODYNAMIK **Kompakt**

Herausgegeben von
Franz Resch und Inge Seiffge-Krenke

Henning Schauenburg

Depression und Bindung –
Therapeutische Strategien

Vandenhoeck & Ruprecht

Bibliografische Information der Deutschen Nationalbibliothek:
Die Deutsche Nationalbibliothek verzeichnet diese Publikation in der
Deutschen Nationalbibliografie; detaillierte bibliografische Daten sind
im Internet über http://dnb.de abrufbar.

© 2018, Vandenhoeck & Ruprecht GmbH & Co. KG,
Theaterstraße 13, D-37073 Göttingen
Alle Rechte vorbehalten. Das Werk und seine Teile sind urheberrechtlich
geschützt. Jede Verwertung in anderen als den gesetzlich zugelassenen Fällen
bedarf der vorherigen schriftlichen Einwilligung des Verlages.

Umschlagabbildung: Paul Klee, Open-Eyed Group, 1938/Private Collection/
Photo © Christie's Images/Bridgeman Images

Satz: SchwabScantechnik, Göttingen
Druck und Bindung: ⊕ Hubert & Co. BuchPartner, Göttingen
Printed in the EU

Vandenhoeck & Ruprecht Verlag | www.vandenhoeck-ruprecht-verlage.com

ISSN 2566-6401
ISBN 978-3-525-40596-3

Inhalt

Vorwort zur Reihe 7

Vorwort zum Band 9

1 Einleitung 12

2 Depressionsmodelle 14
  2.1 Exkurs: Biologie der Depression 15
    2.1.1 Genetik 15
    2.1.2 Kerngröße »Umweltsensitivität« 17
    2.1.3 Stress 18
    2.1.4 Oxytocin 19
  2.2 Zwischenfazit 20

3 Bindung und Depression 22
  3.1 Grundzüge der Bindungstheorie 22
  3.2 Transgenerationale Weitergabe
     depressiver Risikofaktoren 24
  3.3 Von der frühen Bindungsunsicherheit zur Depression
     bei Erwachsenen 27
  3.4 Psychodynamik der Depression 30
  3.5 Bindung, Persönlichkeit und Depression 32
    3.5.1 Psychoanalytische Modelle 32
    3.5.2 Bipolare Persönlichkeitstypologien 34
  3.6 Empirische Befunde zur Bindungsunsicherheit
     als Risikofaktor 35
  3.7 Bindungssicherheit, Emotionsregulation
     und Alltagsbewältigung 37

4 Psychotherapie der Depression 40
4.1 Bindungsaspekte psychodynamischer Psychotherapie ... 40
4.2 Psychotherapie bei akuter Depression 45
    4.2.1 Basale Interventionen 45
    4.2.2 Frühe (und spätere) therapeutische Fallstricke 50
4.3 Weiterführende Psychotherapie: Konfliktthemen,
Bindungsmuster und abgewehrtes Erleben 52
    4.3.1 Allgemeine Aspekte der psychodynamischen
          Psychotherapie bei Depressionen 52
    4.3.2 Psychotherapie bei regressiver (»verstrickter«)
          Verarbeitung des depressiven Grundkonflikts 53
    4.3.3 Psychotherapie bei »progressiver« (vermeidender)
          Verarbeitung des depressiven Grundkonflikts 58
4.4 Weitere Elemente der Psychotherapie mit
depressiven Patienten 61
    4.4.1 »Attunement« oder Eingestimmtheit des
          Therapeuten 61
    4.4.2 »Moments of Meeting« 63
    4.4.3 Bindungsbezogene Psychotherapie bei
          strukturellen Störungen 64

5 Abschließende Gedanken 66

Literatur 68

Vorwort zur Reihe

Zielsetzung von PSYCHODYNAMIK KOMPAKT ist es, alle psychotherapeutisch Interessierten, die in verschiedenen Settings mit unterschiedlichen Klientengruppen arbeiten, zu aktuellen und wichtigen Fragestellungen anzusprechen. Die Reihe soll Diskussionsgrundlagen liefern, den Forschungsstand aufarbeiten, Therapieerfahrungen vermitteln und neue Konzepte vorstellen: theoretisch fundiert, kurz, bündig und praxistauglich.

Die Psychoanalyse hat nicht nur historisch beeindruckende Modellvorstellungen für das Verständnis und die psychotherapeutische Behandlung von Patienten hervorgebracht. In den letzten Jahren sind neue Entwicklungen hinzugekommen, die klassische Konzepte erweitern, ergänzen und für den therapeutischen Alltag fruchtbar machen. Psychodynamisch denken und handeln ist mehr und mehr in verschiedensten Berufsfeldern gefordert, nicht nur in den klassischen psychotherapeutischen Angeboten. Mit einer schlanken Handreichung von 70 bis 80 Seiten je Band kann sich der Leser, die Leserin schnell und kompetent zu den unterschiedlichen Themen auf den Stand bringen.

Themenschwerpunkte sind unter anderem:
- *Kernbegriffe und Konzepte* wie zum Beispiel therapeutische Haltung und therapeutische Beziehung, Widerstand und Abwehr, Interventionsformen, Arbeitsbündnis, Übertragung und Gegenübertragung, Trauma, Mitgefühl und Achtsamkeit, Autonomie und Selbstbestimmung, Bindung.
- *Neuere und integrative Konzepte und Behandlungsansätze* wie zum Beispiel Übertragungsfokussierte Psychotherapie, Schematherapie, Mentalisierungsbasierte Therapie, Traumatherapie, internet-

basierte Therapie, Psychotherapie und Pharmakotherapie, Verhaltenstherapie und psychodynamische Ansätze.
- *Störungsbezogene Behandlungsansätze* wie zum Beispiel Dissoziation und Traumatisierung, Persönlichkeitsstörungen, Essstörungen, Borderline-Störungen bei Männern, autistische Störungen, ADHS bei Frauen.
- *Lösungen für Problemsituationen in Behandlungen* wie zum Beispiel bei Beginn und Ende der Therapie, suizidalen Gefährdungen, Schweigen, Verweigern, Agieren, Therapieabbrüchen; Kunst als therapeutisches Medium, Symbolisierung und Kreativität, Umgang mit Grenzen.
- *Arbeitsfelder jenseits klassischer Settings* wie zum Beispiel Supervision, psychodynamische Beratung, Soziale Arbeit, Arbeit mit Geflüchteten und Migranten, Psychotherapie im Alter, die Arbeit mit Angehörigen, Eltern, Familien, Gruppen, Eltern-Säuglings-Kleinkind-Psychotherapie.
- *Berufsbild, Effektivität, Evaluation* wie zum Beispiel zentrale Wirkprinzipien psychodynamischer Therapie, psychotherapeutische Identität, Psychotherapieforschung.

Alle Themen werden von ausgewiesenen Expertinnen und Experten bearbeitet. Die Bände enthalten Fallbeispiele und konkrete Umsetzungen für psychodynamisches Arbeiten. Ziel ist es, auch jenseits des therapeutischen Schulendenkens psychodynamische Konzepte verstehbar zu machen, deren Wirkprinzipien und Praxisfelder aufzuzeigen und damit für alle Therapeutinnen und Therapeuten eine gemeinsame Verständnisgrundlage zu schaffen, die den Dialog befördern kann.

Franz Resch und Inge Seiffge-Krenke

Vorwort zum Band

Depressionen gehören zu den häufigsten psychischen Störungen in weltweiter Perspektive. Sie können in jedem Lebensalter auftreten. Das Erleben von energieloser Hilf- und Hoffnungslosigkeit ist subjektiv sehr quälend und kann in der Ausgestaltung mit Symptomen und Beschwerden äußerst vielgestaltig sein. Zu den Entstehungsbedingungen und Interventionsmöglichkeiten gibt es viele Forschungsbefunde und theoretische Modelle, die in ihrer Fülle oft ein Bild der Unübersichtlichkeit ergeben und den Betrachter in die Position einer »erlernten Hilflosigkeit« versetzen. Das vorliegende Buch stellt einen Wegweiser mit klaren Konturen und richtunggebenden Haltungen dar. Im Zentrum steht dabei eine Sicht der Depression, die als Scheitern von Kommunikation und Verbundenheit zu interpretieren ist. Depressionen werden als Erlebnisse der Entwurzelung und der zwischenmenschlichen Hilflosigkeit aufgefasst. Diese Sicht ist problemlos mit anderen – zum Beispiel biologischen – Interpretationsmodellen vereinbar. Henning Schauenburg kann sich dabei auf seinen breiten Wissenshorizont, umfangreiche Forschungstätigkeit und eine langjährige persönliche Erfahrung mit depressiven Menschen berufen.

Eine prägnante und gut verständliche Einführung in biologische Depressionsmodelle, die genetische Forschungsergebnisse, stressbezogene Befunde und Neurohormone mit einschließt, öffnet dem Leser und der Leserin das Blickfeld im Rahmen einer bio-psychosozialen Perspektive. Dann werden die notwendigen Grundlagen der Bindungstheorie vorgestellt, wie sie für die transgenerationale Weitergabe depressiogener Risikofaktoren wichtig erscheinen. Wie wird die Depressivität von Bezugspersonen an die nächste Generation weitergegeben? Als Vermittlungsfaktor wirkt dabei die elterliche Feinfühligkeit. Der Weg von früher Bindungsunsicherheit zur Depression bei Erwachsenen führt über unterschiedliche dysfunktionale Bindungsstrategien zu beeinträchtigten Selbstregulationsmechanismen, Irritierbarkeit in sozialen Beziehungen und anderen strukturellen Störungen. Psychodynamisch ist die Depression schließlich als regressive Bewegung und Schutzreaktion bei Versagen einer Konfliktbewältigung aufzufassen. Für die Bindungsunsicherheit als Risikofaktor werden zahlreiche empirische Belege zusammengetragen. Der Bewältigung oder Nichtbewältigung von alltäglichen Situationen kommt eine Schlüsselfunktion zu.

In Kapitel 4 werden aus den psychodynamischen Überlegungen abgeleitete psychotherapeutische Strategien beschrieben, sie sind das eigentliche Herzstück dieses spannend geschriebenen Buches. Es zeigen sich durchaus Berührungspunkte zu kognitiv-behavioralen Interventionen, die Anlass zu kreativen Gesamtüberlegungen für die Zukunft der Psychotherapie sein können. Wichtige Ausgangspunkte sind Stützung, Aktivierung und die Fokussierung auf emotionale Prozesse, wobei die therapeutische Beziehung aus der psychodynamischen Therapie eine entscheidende Hilfe bei der Erkennung ungünstiger Beziehungsmuster bietet.

Konkrete Hinweise zur Diagnostik und Therapie der akuten Depression bieten einen enorm hilfreichen Praxisbezug und zeugen von den umfangreichen persönlichen Therapieerfahrungen des Autors. Besonders wertvoll sind die Hinweise auf therapeutische Fallstricke im Therapieverlauf, die durch zahlreiche Handlungsempfehlungen ergänzt werden. Fallvignetten machen die Darstellung lebendig und anschaulich. Es geht in der Therapie nicht nur um Einsicht und Akzeptanz in Bezug auf belastende Emotionen, sondern auch um korrigierende Erfahrungen im Therapiekontext und später im sozialen Umfeld. Es geht um die positive Beeinflussung von inneren Arbeitsmodellen von Bindung, die das Grunderleben von Sicherheit in vertraulichen Beziehungen ermöglicht.

Ein äußerst kenntnisreiches, praxisnahes und lesenswertes Buch zur Depression in zwischenmenschlicher Perspektive.

Inge Seiffge-Krenke und Franz Resch

1 Einleitung

Das Erleben von energieloser Hoffnungs- und Hilflosigkeit über längere Zeiträume, unter Umständen begleitet von Selbstzweifeln und vielfältigen körperlichen und psychischen Phänomenen ist eine genuin humane Erfahrung. Depressive Zustände sind subjektiv äußerst quälend und können die sozialen Beziehungen der Betroffenen sehr stark beeinträchtigen. Menschen haben deshalb seit Urzeiten versucht, diesen Zustand in Worte zu fassen, ihn als Krankheit zu definieren (oder nicht) und Überlegungen zu seiner Verursachung und natürlich auch zu seiner Beendigung anzustellen. Der vorliegende Band ist nun ein weiterer Beitrag in dieser Tradition. Im Folgenden wird dabei depressives Erleben vor allem unter dem Blickwinkel der Persönlichkeit und ihrer psychologischen Entwicklung gesehen und dabei mit den Befunden und Aussagen der klinischen Bindungsforschung verknüpft.

Es steht also eine Sicht der Depression im Zentrum, die das Scheitern von Kommunikation und Verbundenheit besonders fokussiert und Depressivität vor allem als ein Beziehungsphänomen sieht, als ein Erleben von Entwurzelung und zwischenmenschlicher Hilflosigkeit. Gleichzeitig wird der Einfluss biologischer (z.B. genetischer, aber wohl auch manchmal immunologisch-infektiöser oder gar toxischer) und allgemein sozialer Faktoren auf die menschliche Neigung zur Depression ebenfalls anerkannt.

Diese Verwobenheit wie auch die Vielfalt der mit der Depression verknüpften Symptome und Syndrome machen es insgesamt schwer, »die« Depression als ein einheitliches Phänomen zu beschreiben und so etwas wie ein allgemeines Krankheitsmodell zu entwickeln.

Es ist wichtig, sich klarzumachen, dass viele Wege in die gemeinsame »Endstrecke« Depression führen, wie auch, dass Hilf- und Hoffnungslosigkeit eben vielfältige Ausdrucksformen haben können. Zudem wird die Sicht von der Tradition bestimmter klinischer Schulen oder Denkschulen geprägt. Dennoch gibt es meines Erachtens tragende Kernelemente in Ätiologie und Therapeutik, die es sinnvoll erscheinen lassen, weiter an einer Sicht der Depression zu arbeiten, die versucht, entwicklungspsychologische, kognitions- und emotionspsychologische, psychodynamische sowie biologische Blickweisen miteinander in Bezug zu setzen.

Die Bowlby'sche Bindungstheorie, heute aus dem Feld der Psychotherapie nicht mehr wegzudenken, ist meiner Auffassung nach hier gut geeignet. Sie steht im Zentrum dieses Buches. Es gliedert sich insgesamt in eine kurze Darstellung besonders relevanter biologischer Konzepte zur Depression, einen Teil zur Bindungsforschung sowie zu den bindungsbezogenen Entwicklungsaspekten depressiver Erkrankungen. Weiter geht es um die Bedeutung der jeweiligen Gesamtpersönlichkeit für das Depressionsrisiko sowie zuletzt um eine Beschreibung von individualisierten Psychotherapieansätzen.

Im therapeutischen Teil werden zunächst aus psychodynamischer Sicht bewährte psychotherapeutische Konzepte und Handlungsmaximen zusammengefasst. Diese werden ebenfalls, wo immer möglich, in Bezug zur Bindungstheorie gesetzt. Ich möchte zeigen, dass Kern und Ziel bindungsbezogener Psychotherapie immer die Schaffung oder Wiederentdeckung sicherer Bindungsrepräsentanzen ist. Diese sind wesentliche Voraussetzung für Persönlichkeitsmerkmale wie Empathie, Prosozialität, Selbstregulation und Fähigkeit zu Intimität, die erwiesenermaßen vor Depression schützen.

Nach meiner Auffassung liegt vor allem in der Verbundenheit mit als hilfreich erlebten Anderen, wie sie depressionsgefährdeten Menschen aus unterschiedlichen Gründen mehr oder weniger schwerfällt, die dauerhafte Chance zum Schutz vor depressiven Einbrüchen bzw. zur Linderung von zu starker zwischenmenschlicher Verletzlichkeit und krankmachenden Selbstzweifeln.

2 Depressionsmodelle

Depressive Menschen haben meist im Leben eine Häufung von Verlust-, Verunsicherungs- oder Enttäuschungserlebnissen erfahren. Deren Auswirkungen auf das spätere Leben sind umso größer, je früher in der Entwicklung sie auftreten. Für depressive Phänomene im engeren Sinn und mit schwererer Ausprägung kann angenommen werden, dass es zu einem Ineinanderwirken von genetischen Vulnerabilitäten, frühen Umwelt- bzw. Bindungserfahrungen und späteren Lebensbelastungen (vor allem bezüglich sozialer Einbindung) kommt. Zur Diagnostik, Phänomenologie und Epidemiologie der Depression verweise ich auf Schauenburg (im Druck a).

Da aversive Erfahrungen andererseits zum Leben gehören und viele Menschen diese gut oder ausreichend bewältigen können (Resilienz), ist die Frage nach den biologischen und psychosozialen Faktoren relevant, die das aus solchen Erfahrungen erwachsene Erkrankungsrisiko beeinflussen. Hierbei gelten als sogenannte *Moderatoren (allgemein prägende Merkmale)* frühe entwicklungspsychologische oder auch biologische Einflussfaktoren genereller Art (z. B. unsichere Bindungsrepräsentanzen, Stresssensitivität). Als sogenannte *Mediatoren (konkrete vermittelnde Merkmale)* werden bestimmte Verhaltensmuster (Konfliktverarbeitungen/Bindungsstile bzw. Beeinträchtigungen der Emotionsregulation) angesehen, als deren Folge es zu erhöhtem Depressionsrisiko kommt.

Mit der Klärung des Zusammenwirkens der genannten Faktoren stehen wir augenblicklich erst am Beginn. Erschwert wird das Verständnis dadurch, dass die Beschreibung sinnvoller Subgruppen von Patienten oder relevanter Symptomkonstellationen, die dann auch unterschiedliche Therapieansätze ermöglichen würden, bisher nicht wirklich gelungen ist. Dies liegt u. a. daran, dass die Betroffenen jeweils unter verschiedenen Krankheitsaspekten besonders leiden und diese – nicht zuletzt auch in der Therapie – in den Vordergrund stellen: Hierzu zählt für die einen die überkritische Selbstabwertung, für die anderen die Anhedonie und der Antriebsverlust, für die dritten die Einsamkeit des sozialen Rückzuges oder die meist stark sozial getönte Angstneigung. Ob diese individuellen Unterschiede wirklich auf getrennte Krankheitswege hinweisen, wird erst die Zukunft zeigen.

2.1 Exkurs: Biologie der Depression

Für den (auch relativ informierten) Laien ist die Vielfalt der biologischen Befunde zur Depression schwer einzuordnen. Ich hoffe dennoch, dass die folgenden kursorischen Darlegungen eine Idee hierzu vermitteln und die Berührungspunkte zu den psychologischen Aspekten verdeutlichen können.

2.1.1 Genetik

Seit Jahrzehnten weiß man, dass depressive Erkrankungen eine erbliche und damit biologische Komponente haben (z. B. Brown, 1998). Bisher ist es allerdings nicht gelungen, eindeutige Veränderungen individueller Gene zu identifizieren, die für sich betrachtet das Auftreten einer Depression determinieren. Auch die Suche nach biologischen Markern (Neurotransmitter, Neuromodulatoren, funktionelle anatomische Korrelate u. a.) ist bisher wenig erfolgreich. Und dies trotz eines riesigen Forschungsaufwands, der sicher über die Jahrzehnte eine dreistellige Milliardenhöhe erreicht hat. Dies heißt aber nicht, dass der Erkenntnisgewinn hinsichtlich der psychophysischen Prozesse bei depressivem Erleben nicht dennoch groß ist.

So kann heute davon ausgegangen werden, dass depressive Erkrankungen eher unter der Beteiligung von einer sehr großen Anzahl verschiedener *Gen-Konstellationen* entstehen (Dunn et al., 2015).

Insgesamt steht seit einigen Jahren in der Genetik vor allem die Untersuchung von komplexen Gen-Umwelt-Interaktionen im Fokus, die zuletzt noch durch das große Feld der Epigenetik (s. u.), also der genetisch gesteuerten Regulierung von Genexpression unter modifizierenden Außeneinflüssen (z. B. Ernährung, Stress), erweitert wurde.

Ungeachtet der Vielfalt der vermuteten genetischen Einflüsse konnten schon vor Längerem Caspi et al. (2003) im Rahmen der Dunedin-Langzeitstudie mit einem repräsentativen Teil eines Geburtsjahrgangs einer Region in Neuseeland zeigen, dass das Vorhandensein des ss-Allels des *Serotonintransporter-Gens* zur Folge hatte, dass bei negativen frühen Umwelterfahrungen mit höherer Wahrscheinlichkeit später depressive Entwicklungen auftraten als beim ll- oder sl-Allel desselben Gens.

Inzwischen gilt, nach einigen kontroversen Diskussionen, die Rolle des ss-Allels als Vulnerabilitätsmarker, insbesondere in frühen Entwicklungsphasen des Gehirns und der Psyche, als relativ gesichert, wenn auch die Effekte nicht überschätzt werden dürfen (Karg, Burmeister, Shedden u. Sen, 2011). In neueren Untersuchungen wurde zuletzt darauf geachtet, ob nicht ebenso Einflüsse besonders positiver Erfahrungen über das ss-Allel gesteuert werden, was ja nur logisch wäre. Dies ist tatsächlich der Fall (z. B. Benedetti et al., 2014). Mit dem genannten Serotonintransporter-Gen wurde also offensichtlich eine biologische Komponente sozialer »Empfänglichkeit« (im Guten wie im Bösen), also ein *Plastizitäts-Gen*, gefunden. Diese Sicht ist deshalb so bemerkenswert, weil sie erstmals die überwiegend an negativem Erleben festgemachten und deshalb relativ starren Diathese-Stress-Modelle um den Einfluss positiver Elemente, im Sinne eines Korrelats für Resilienz, erweitert (vgl. auch Belsky u. Pluess, 2014).

Die Ergebnisse der aktuellen genetischen Forschung bezüglich des Depressionsrisikos weisen also in Richtung der unveränderten Wichtigkeit umweltbezogener Einflussfaktoren, wobei der sehr frühen psychischen Entwicklung auch in der biologischen Forschung durch epigenetische Prozesse eine besondere Rolle zukommt.

2.1.2 Kerngröße »Umweltsensitivität«

Menschen bringen also wahrscheinlich konstitutionell vor allem eine unterschiedliche Empfindsamkeit für Außenreize jeder Art mit. Es ist an dieser Stelle nicht möglich, die vielen quasibiologischen bzw. -physiologischen Theorien des letzten Jahrhunderts (z. B. libidinöse Energie der Freud'schen Triebtheorie, Kampf-Flucht-basierte Stressmodelle) zu so einer scheinbar ja schlichten Überlegung in Beziehung zu setzen. Die Eleganz des Modells der zentralen Rolle der Umweltempfänglichkeit ist aber bemerkenswert.

So haben Moore und Depue (2016) einen komplexen und für Nichtbiologen nicht leicht zu durchdringenden Versuch unternommen, die möglichen biologischen Korrelate von »Environmental Sensitivity« unter Einbeziehung vieler an der Stimmungsregulierung beteiligter biologischer Systeme (neben Serotonin vor allem Dopamin, Noradrenalin, Corticotropin Releasing Hormon – CRH, Gammaaminobuttersäure – GABA, Oxytocin, Endorphine) in einer Art Formel zum Ausmaß der »Umweltreaktivität« zu integrieren. Das heißt, hinter einem komplexen Gebäude versteckt sich verdichtet das, was der Volksmund wohl als »dickes Fell« (oder umgekehrt die »dünne Haut«) beschreiben würde.

Einer der zentralen Mechanismen, mit denen eine ggf. konstitutionell erhöhte Empfindsamkeit wiederum sozial beeinflusst werden kann, sind schützende frühe soziale Erfahrungen. Diese beeinflussen ihrerseits biologische Systeme, beispielsweise durch zwischenmenschliche Co-Regulation der Verhaltens- und psychophysiologischen (Stress-)Systeme, also über die Anwesenheit eines beruhigenden Anderen. So kommt es über eine manchmal lebenslange epigenetische Prägung zur biologischen Regulation durch soziale Erfahrung.

Es scheint, dass die Auswirkung besonderer sozialer Empfindsamkeit verstärkt (für Positives) oder abgemildert (für Negatives) werden kann durch die zu Lebensbeginn wahrscheinlich noch nicht genetisch festgelegte Bindungssicherheit, wie sie unten beschrieben wird (Starr, Hammen, Conway, Raposa u. Brennan, 2014). Umgekehrt fand man aber auch, dass eine bestimmte Konstellation des *Serotoninrezeptor-Gens* Voraussetzung dafür ist, dass förderliche Umwelteinflüsse, wie etwa mütterliche Zuwendung und Schutz, überhaupt genutzt werden können (Jokela, Lehtimäki u. Keltikangas-Järvinen, 2007). Das Serotoninsystem steht nun in Verbindung mit der Regulation des Stresssystems, dem für die Entstehung von Depressionen auf körperlicher Ebene eine besondere Rolle zugewiesen wird.

2.1.3 Stress

Stress bezeichnet ein Konstrukt, das zum einen durch spezifische äußere Reize (Stressoren) hervorgerufene psychische und physische Reaktionen bei Lebewesen bezeichnet. Diese sollen zur Bewältigung besonderer Anforderungen befähigen (Allostase). Zum anderen meint der Begriff die durch diese Einwirkungen entstehende körperliche und geistige Belastung (Allostatic Load). Physiologisch wird die Stressreaktion über die Hypothalamus-Hypophysen-Nebennierenrinden-Achse (HHN-Achse) gesteuert, deren Endstrecke der Cortisolspiegel im Blut als Ausdruck körperlicher Anpassung an Belastung ist. Er unterliegt normalerweise einer negativen Feedbackhemmung, die zur Ausbalancierung des Cortisolspiegels beiträgt. Bei Menschen mit Depressionsneigung kommt es manchmal zum Überschießen dieser Stressreaktion (Hypercortisolismus), oft aber fehlt eine solche Reaktion auch (Hypocortisolismus). Vielleicht noch wichtiger ist allerdings, dass die Geschwindigkeit der *Erholung* von einer »normalen« Stressreaktion bei Depressiven oft verzögert ist und dass dies mit Einschränkungen exekutiver Funktionen (Gedächtnis, Aufmerksamkeit) und einem insgesamt höheren Angstlevel bzw. stärkerer Angstkonditionierung einhergehen kann (relative Glukokortikoidresistenz, z. B. Heim, Ehlert u. Hellhammer, 2000).

Ein bemerkenswerter Befund der psychosomatisch orientierten epigenetischen Stressforschung war, dass diese verlangsamte Regulation selbst Folge früher Stresserfahrungen sein kann, die sich in das »Methylom«, also das individuell spezifische Muster der Genaktivität, eingeschrieben haben.

Weaver et al. (2004) aus der dafür bekannt gewordenen Arbeitsgruppe um Michael Meaney fanden, dass unter belastenden Umwelteinflüssen beispielsweise eine Inaktivierung wichtiger zur Stressregulation relevanter Gene stattfindet (z. B. der für die negative Feedbackhemmung in der HHN-Achse wichtigen Glukokortikoidrezeptoren). Dies hat, teils lebenslang andauernd, teils reversibel die beschriebene Verschlechterung der Stressregulation zur Folge. Dabei steht dieser epigenetische Prozess seinerseits wiederum in Interaktion mit »Risikoallelen«, wie einem bestimmten Allel für das intrazelluläre Bindungsprotein FKBP5 (Klengel et al., 2014; Wang, Shelton u. Dwivedi, 2018).

2.1.4 Oxytocin

Von den anderen wichtigen endokrinen Substraten soll hier noch auf das Oxytocin eingegangen werden, weil es wegen seiner prosozialen und angstmindernden Bedeutung als »Bindungshormon« für die Depression besonders wichtig ist. Es handelt sich um ein Hormon und Neuropeptid, das im Hypothalamus produziert und von der Hypophyse ausgeschüttet wird. Bekannt sind seine Wirkungen auf Schwangerschaft und Milchfluss sowie im Hinblick auf soziales Verhalten.

Recht schnell wurde in den zurückliegenden Jahren der Oxytocin-Forschung klar, dass der Begriff »Kuschelhormon« eine zu starke Vereinfachung der komplexen Wirkungen des Hormons und zentralnervösen Neuromodulators darstellte. Tatsächlich reduziert zugeführtes Oxytocin sozialen Stress und erleichtert Kontaktaufnahme, indem es Vertrauen induziert. Es kann aber auch zur Zunahme von Aggression gegen »Gruppenfremde« führen und verstärkt eine »strafende« Haltung bei antisozialem Verhalten innerhalb einer Gruppe. Interessanterweise kann die Verabreichung von Oxytocin bei Personen mit (wiederholten) sozialen Belastungserfahrungen und zwischenmenschlichen Traumata auch gegenteilige, also angstfördernde oder antisoziale Effekte auslösen. Es scheint, als habe das Neuropeptid die evolutionär komplexe Aufgabe, die positive oder negative Bedeutung (»Salienz«) sozialer Interaktionen zu vermitteln, was in Abhängigkeit von persönlichen

Erfahrungen mehr oder weniger prosoziales Verhalten motiviert. So kann der oben beschriebene »Gruppenschutz« ja auch verschiedene Aufgaben beinhalten und zum Teil durchaus aggressives Verhalten zur Folge haben.

Es ist insgesamt zu vermuten, dass Oxytocin die co-regulativen frühen Kontakte von Säugling und Bezugsperson moderiert, dass es aber vermutlich keine direkte Wirkung auf depressives Erleben hat. Dass es bei Erwachsenen über die Linderung sozialer Angst bei der Aufhebung sozialer Isolation helfen könnte, ist zu vermuten. Dies wurde aber im Kontext von Depressionen noch nicht untersucht.

2.2 Zwischenfazit

Trotz der großen Zahl bemerkenswerter biologischer Befunde und sich andeutender umfassenderer Modelle ist man noch weit entfernt von einem befriedigenden biologischen Bild der depressiven Vulnerabilität. Dies liegt nicht zuletzt an der nun einmal dem Menschen eigenen besonders starken Rolle der *Bedeutungsgebung* bzw. *Wertung* für gemachte, etwa belastende Erfahrungen, die wesentlicher Teil der Selbstregulation ist. Die Bedeutung, die wir bestimmten Erfahrungen geben, hat vermutlich größere Effekte als die vielen »kleinen« biologischen Marker. Aus evolutionärem Verständnis muss das meines Erachtens auch so sein, weil dies mit überlebensnotwendiger Gefahrenabschätzung zusammenhängt. Demgegenüber stehen viele, oft parallele, also quasi »doppelt ausgelegte«, biologische Prozesse, deren Effekte allein schon aus Gründen der bei Lebewesen typischen mehrfachen Sicherung vitaler Prozesse für jede einzelne Substanz nur relativ klein sein dürfen.

Und in den genannten mehr oder weniger adaptiven Faktor der menschlichen Bewertung (»Appraisal«) gehen natürlich individuelle (Bindungs-)Un-/Sicherheiten und manchmal schwer greifbare soziokulturelle (Gruppen-)Einflüsse ein. Nötig ist also ein komplexes bio-psycho-soziodynamisches Verständnis der Depression, in dem konstitutionelle Bereitschaften, bindungsbezogene Entwicklungen, epigenetische Phänomene, lebenslange Verarbeitungs- und Bewertungsmuster *und* aktualisierte Konfliktthemen (»Stressbelastung«) zusammenwirken. Damit liegt das Bindungsverhalten als vermittelnder und verursachender Faktor depressiver Entwicklung auch von biologischer Seite im Fokus der Betrachtung.

3 Bindung und Depression

Der Idee folgend, dass das menschliche Bindungsverhalten für depressive Störungen zentral ist, sollen zunächst wichtige Elemente der Bindungstheorie dargestellt werden, ehe detaillierter auf die Zusammenhänge von Depression und Bindungsunsicherheit eingegangen wird.

3.1 Grundzüge der Bindungstheorie

Im Zentrum der Überlegungen zur »Entwicklungspsychologie« der Depression stehen früh erworbene Erwartungshaltungen, hier im Sinne sicherer oder unsicherer Bindungsrepräsentanzen. Ausgangspunkt ist das von Bowlby angenommene evolutionär gewachsene primäre Bedürfnis nach Nähe und Sicherheit spendenden Anderen, das von den Bezugspersonen in unterschiedlicher Weise befriedigt werden kann (Bowlby, 1988).

In der Tradition der Bindungsforschung entstehen diese Repräsentanzen aus der frühen, aber auch späteren Interaktionserfahrung von Säuglingen und Kleinkindern mit ihren zentralen Bezugspersonen. Unterschieden werden dabei sichere und unsichere (sog. sekundäre) Strategien. Zu den unsicheren zählen ambivalente, vermeidende, desorganisierte (Ainsworth, Blehar, Waters u. Wall, 1978) sowie ungelöste Muster (Main u. Solomon, 1986). Das heißt, unsichere Bindungsmuster sind individuell primär adaptive, aber langfristig einschränkende Anpassungsstrategien an die nichtidealen frühen Bezugspersonen. Sie führen im Verlauf der Kindheit zu sicheren oder verschiedenen unsicheren inneren Überzeugungen (»Arbeitsmodellen«) über das Vorhandensein hilfreicher äußerer und in der Folge auch innerer Instanzen zur Bewältigung und Überwindung von Belastungen. Für verstrickt-ambivalente Menschen gilt dabei: »Ich bin sehr auf Hilfe/Begleitung angewiesen, kann mir aber nie sicher sein, dass diese ggf. auch trägt.« Für vermeidende Menschen könnte man als »Arbeitsmodell« formulieren: »Es gibt sowieso niemanden, der mir helfen kann, insofern bleibe ich lieber auf Distanz.« Demgegenüber wäre die sichere Haltung: »Ich bin nicht allein in meiner Not, die anderen sind verlässlich und werden mir helfen können« (Bowlby 1988, Übersicht z. B. bei Spangler u. Reiner, 2017; Behringer, 2017). Im alltäglichen Verhalten und Erleben Erwachsener werden die beiden hauptsächlichen unsicheren Muster auch als *hyperaktiviert* (hyperaktiviertes Bindungssystem) und als *desaktiviert* (desaktiviertes Bindungssystem) bezeichnet (Miculincer, Shaver u. Peref, 2003; Miculincer u. Shaver, 2008).

Tabelle 1 zeigt das experimentell beobachtbare Verhalten von Kleinkindern mit den besagten Mustern und stellt diese den bei Erwachsenen entwickelten Kategorien (Adult Attachment Interview – AAI) gegenüber.

Tabelle 1: Bindungsmuster bei Kindern und Erwachsenen

Kinder (Fremde Situation, Ainsworth et al., 1978)	Erwachsene (Adult Attachment Interview, Main, Kaplan u. Cassidy, 1985)
Sicherer Bindungsstil (50–65 %)	
Spürbare Verlustreaktion, rasche Kontaktaufnahme und rasche Beruhigung bei Rückkehr. Elastizität des Bindungssystems! Bezugspersonen: prompte und angemessene Reaktionen	Wertschätzung von Bindung, plastische und kohärente Beziehungsschilderung, gutes Erinnerungsvermögen, Integration negativer Erfahrungen, angemessene Affektregulation, Empathie. Hohe Reflexionsfähigkeit
Vermeidender Bindungsstil (20–30 %)	
Wenig primärer Kontakt zur Mutter, keine offene Trennungsreaktion (»maskierte Affekte«, Cortisol!), verstärktes Spielverhalten nach Trennung, Distanz bei Rückkehr. Habituelle Inaktivierung des Bindungssystems! Bezugspersonen: reduzierter Kontakt, insbesondere bei negativen Affekten des Kindes	Betonung von Autonomie, oft wenig biografische Erinnerungen, teilweise inkohärente Schilderung von Beziehungserfahrungen (z. B. Idealisierung), Bagatellisierung und Rationalisierung von Trennungserfahrung, Affektarmut, weniger Empathie

Kinder (Fremde Situation, Ainsworth et al., 1978)	Erwachsene (Adult Attachment Interview, Main, Kaplan u. Cassidy, 1985)
Ambivalenter (ängstlicher) Bindungsstil (15–20 %)	
Heftige Trennungsreaktion, untröstbares Anklammern bzw. Wechsel von Vermeidung und Anlehnung bei Rückkehr. Habituelle Aktivierung des Bindungssystems! Bezugspersonen: teilweise Überstimulation, starke Reaktion auf negative Affekte	Verstrickte Beziehungen mit Hinweisen auf übermäßige Abhängigkeit und Verlustangst, oft widersprüchliche Schilderungen vergangener Bindungen, wenig objektiv, oft anklagend, affektgeladen (Angst und Ärger)
Desorganisiert (14–24 %)	**»Ungelöstes Trauma« (19 %)**
Inkonsistentes Trennungs- und Wiedervereinigungsverhalten (vermutlich gleichzeitige Aktivierung getrennter »Motivationssysteme«), z. T. Stereotypien, kurze stuporöse Phasen, Angstüberflutung, kein Schutz durch Anwesenheit der Mutter Bezugspersonen: geängstigt und angsterregend	Prinzipiell meist »organisierter« Bindungsstil, aber während der Thematisierung von Verlust oder Missbrauch treten Brüche und Inkonsistenzen auf (Schweigen, Tote werden im Präsens beschrieben u. a.)

3.2 Transgenerationale Weitergabe depressiver Risikofaktoren

Hinsichtlich der familiären Weitergabe des direkten Risikos für depressive Erkrankungen finden sich Hinweise, dass es sich hier nicht so sehr um einen Haupteffekt, also die direkte Vermittlung von Depressivität von Bezugspersonen auf das Kind, handelt. Es geht eher um die Weitergabe von Persönlichkeitsmerkmalen (z. B. im Sinne unsicherer Arbeitsmodelle von Bindung, aber auch generell des Überwiegens negativer Affekte in der Kommunikation bzw. der Ausprägung von »Neurotizismus«, wie er im Fünf-Faktoren-Modell der Persönlichkeit erfasst wird), nicht selten von ebenfalls depressiv vulnerablen Bezugspersonen. Diese Merkmale moderieren ihrerseits den Umgang mit belastenden Erlebnissen der Kindheit und des weiteren Lebens.

Die Frage der transgenerationalen Weitergabe von Bindungssicherheit bzw. -unsicherheit kann inzwischen als etablierter Befund angesehen werden (van IJzendoorn, 1995; Fonagy et al., 1996);

unsichere Mütter/Väter haben gehäuft unsicher gebundene Kinder. Bedeutsamer Vermittlungsfaktor ist hier die elterliche Feinfühligkeit (»Sensitivity«) in Bezug auf das Verstehen von kindlichem Verhalten und die Antwort darauf. Allerdings gab es hinsichtlich der Weitergabe über die Feinfühligkeit immer eine statistische Lücke (»Transmission Gap«), die darauf verwies, dass noch andere Einflüsse vorliegen müssen. Den besten Überblick zu diesen Fragen geben Verhage et al. (2016). Sie finden, dass die Zusammenhänge zwischen elterlichem und kindlichem Bindungsstatus, vermittelt über elterliche Feinfühligkeit, weiterhin als gegeben angenommen werden können. Allerdings würde man heute sozialen Kontextaspekten (also Armut, Broken Home u. a.) einen eigenständigen Stellenwert einräumen.

Auch die relevanten Komponenten der elterlichen Feinfühligkeit verändern sich im Laufe des Lebens. So fand Elizabeth Meins, dass bei älteren Kindern besonders die Fähigkeit der Bezugspersonen wichtig wurde, den Kindern ihre eigenen inneren Vorgänge verbal und im Verhalten zu spiegeln (»Mind-Mindedness«, z. B. Meins et al., 2013). McMahon, Barnett, Kowalenko und Tennant (2006) berichten, dass postnatal depressive Mütter zwar häufiger unsicher gebunden waren (was auch für ihre Kinder zutraf), jedoch zeigte sich kein direkter Zusammenhang zwischen mütterlicher Depression und kindlicher Bindungsstrategie. Diese war vor allem über die mütterliche *Bindungsrepräsentanz* vermittelt: Depressive Mütter mit sicheren Bindungsrepräsentanzen gaben trotz ihrer Depression nur in geringem Maß Bindungsunsicherheit an ihre Kinder weiter. – Was bedeutet das? Offensichtlich sind bindungsbezogene Verhaltensweisen von großer Stärke und Wirkung, sogar in Anwesenheit depressiver Symptome.

Besser und Priel (2005) untersuchten 103 Generationstriaden von Frauen und fanden komplexe Mechanismen über drei Generationen hinweg: Der Zusammenhang von Bindungsunsicherheit und depressiver Beeinträchtigung war dabei vor allem über das Persönlichkeitsmerkmal der *Neigung zu gesteigerter Selbstkritik* vermittelt.

Depressivität in der Elterngeneration wird also teilweise auch über »subklinische« Merkmale von Bindungsunsicherheit an die folgende Generation weitervermittelt. In diesen Rahmen gehören auch die Befunde zu frühen ungünstigen Erfahrungen und späterem Depressionsrisiko. Gilmer und McKinney (2003) beschreiben die bekannten empirischen Risikofaktoren für spätere depressive Erkrankungen (Armut, deprivierende Erfahrungen in Kindheit und Jugend, z. B. psychische und schwere körperliche Erkrankungen der Eltern, emotionale Vernachlässigung, Gewalt und Missbrauch). Diese Erfahrungen werden teilweise mit den Eltern geteilt. Dabei wird der Einfluss solcher (Eltern-)Erfahrungen durch die Beeinträchtigung der Affektregulation und des Selbstbildes sowie den erlebten »Stresslevel« moderiert (Bifulco et al., 2006).

Eine interessante Wendung nahm die Diskussion über die Erblichkeit von Bindungsmerkmalen. Über lange Jahre zeigten die Befunde erstaunlicherweise, dass Bindungs(un)sicherheit in der frühen und späteren Kindheit, anders als Temperamenteigenschaften, kaum genetischen Einflüssen unterlag. Dies empfanden all diejenigen als Bestätigung, die ein eher »psychosoziales« Menschenbild hatten. Nun konnte eine Veröffentlichung zeigen, dass Bindungssicherheit im *Jugendalter* doch einen erheblichen genetischen Anteil besitzt, der in der Größenordnung anderer Persönlichkeitsmerkmale (d. h. bei bis zu 50 %) liegt (Fearon, Shmueli-Goetz, Viding, Fonagy u. Plomin, 2014). Es scheint also, dass genetisch bestimmte Faktoren (z. B. Umweltreagibilität, s. S. 17 f.) im Verlauf der kindlichen Entwicklung einen immer stärkeren Einfluss auf das Ausmaß der Bindungssicherheit bekommen. Dies steht in Übereinstimmung mit der alten Erfahrung, dass genetisch bestimmte Persönlichkeitsmerkmale von Kindern oft erst im Verlauf der Jugend manifest werden.

3.3 Von der frühen Bindungsunsicherheit zur Depression bei Erwachsenen

Kindliche Unsicherheit wäre damit also die biologische und interaktionelle Folge der elterlichen Bindungsunsicherheit. Hierbei werden vor allem zwei verstärkende Mechanismen wirksam: Zum einen bleiben in den meisten Fällen unsicher gebundene Bezugspersonen im weiteren Verlauf der Kindheit dieselben und üben ihren prägenden Einfluss auf die kognitive Entwicklung, die Fähigkeit zur Emotionsregulation und Selbstreflexion u. a. auch in späteren Entwicklungsphasen aus. Zum anderen gehen primär unsicher gebundene Kinder bereits ihrerseits mit einem Handicap in ihre weitere psychosoziale Entwicklung. Gerade Letzteres ist relevant, weil sich negative Erfahrungen im Verlauf des *späteren* Lebens im Rahmen der Therapie dadurch oft besser verstehen lassen. Aber wie vermittelt sich das »Handicap« im Einzelnen?

Morley und Moran (2011) beschreiben aus kognitionspsychologischer Sicht die Herausbildung von Hilflosigkeitsreaktionen im Sinne negativer Selbstkonzepte (synonym auch: Schemata, innere Arbeitsmodelle von Bindung, Selbstrepräsentanzen) als Ausdruck unsicherer Bindungsmuster schon bei *Kindern* im vierten und fünften Lebensjahr. Dabei neigen Kinder mit *verstrickten/ambivalenten* Bindungsstrategien im Verlauf der Kindheit zu internalisierenden (d.h. eher ängstlich-depressiven) Störungen, während vermeidende Kinder eher externalisierende (d. h. aggressive, aufmerksamkeitsbezogene und andere) Störungen entwickeln (Pierrehumbert, Miljkovitch, Plancherel, Halfon u. Ansermet, 2000).

Vermeidende Muster zeigen dabei nicht ganz so eindeutige Befunde. Dies hat damit zu tun, dass Vermeidung unter Umständen ein funktionaler Mechanismus ist. Dies ist allerdings nur bis zu einem gewissen Ausmaß an Belastung der Fall. Bei dessen Überschreitung kommt es, anders als bei sicher gebundenen Individuen, schneller zu Zusammenbrüchen der Regulation. In der Krise wiederum ähneln vermeidende Kinder (und später Erwachsene) in Teilen ambivalent/

verstrickt Gebundenen (Morley u. Moran, 2011). Ein eigenes »diagnostisches« Problem stellt dabei die Neigung vermeidender Menschen dar, ein überhöhtes Selbstbild zu haben, was von klinischen oder diagnostischen Interviews nicht immer verlässlich erfasst wird.

Ein anderer entwicklungspsychologischer Befund ist im Hinblick auf den Einfluss von Bindung auf den Umgang mit Hilflosigkeitserfahrung ebenfalls interessant. Es wird unterschieden, ob Kinder in Experimenten mit schweren oder unlösbaren Aufgaben ihre Konzentration auf das eigene Lernen (»Learning Goals«) oder auf die Präsentation nach außen (»Performing Goals«) richten. Letzteres ist dabei teilweise mit unsicherer Bindung verknüpft (Smiley u. Dweck, 1994).

Besonders anfällig für depressive Entwicklungen sind Kinder mit *desorganisierter* Bindung in der sog. Fremden Situation (erklärt als Folge traumatischer oder explizit ängstigender Erfahrung mit Bezugspersonen). Diese wirken später entweder weiterhin desorganisiert und haben wenig Regulationsmöglichkeiten insbesondere bezüglich der Bewältigung von Angst oder Aggression, oder aber sie zeigen überkontrollierende Muster im Umgang mit Älteren und Gleichaltrigen, was zu sozialen Ausgrenzungen führt. Desorganisierung zeigt insgesamt häufiger externalisierende Störungen im Sinne oppositionellen Verhaltens oder ADHS und nur in geringerem Maß Depressionen und Ängste (Greenberg, 1999). Insgesamt zeichnen sich die Kinder also schon früh durch eine Neigung zum Zusammenbruch von organisierten Strategien und einen Mangel an verfügbaren Regulationsfunktionen aus. Klinisch sieht man bei Erwachsenen eine Verbindung zu strukturellen Störungen im Sinne der OPD bzw. der Persönlichkeitsstörungsdiagnostik im Anhang des DSM-5. Strukturelle Beeinträchtigungen sind wegen ihrer Bedeutung für die Unsicherheit und Irritierbarkeit in sozialen Beziehungen als Vorläufer depressiver Erkrankungen besonders wichtig.

Depressive Erkrankungen von Patienten mit strukturellen Störungen unterscheiden sich in ihrer Erscheinung von solchen auf höherem Strukturniveau: Sie sind schwerer depressiv, noch selbstkritischer, auch wütender und tendenziell hoffnungsloser. Es finden sich zudem Hinweise, dass die soziale Sensibilität (rejection sensitivity), als indirekter Ausdruck von Bindungssicherheit, bei strukturell Beeinträchtigten höher ist (Köhling, Ehrenthal, Levy, Schauenburg u. Dinger, 2015).

Hinsichtlich der messbaren »Weitergabe« von Bindungsunsicherheit ist ein Befund der Minnesota-Risiko-Studie (Sroufe, 2005) wichtig, der zeigt, dass die Repräsentanzen früher Beziehungserfahrungen ihren stärksten Einfluss jeweils auf die zeitlich nächstfolgende Entwicklungsstufe nehmen und diese ggf. beeinträchtigen. So kann über den Lebenslauf die Entstehung negativer Selbstbilder sowie kompensatorischer perfektionistischer oder anaklitischer Persönlichkeitsmerkmale verfolgt werden. Sroufe, Carlson, Levy und Egeland (1999) beschrieben, dass die Qualität jugendlicher Freundschaften als Schutz- und Resilienzfaktor gegen depressive Entwicklungen durch den Bindungsstatus in der Kindheit vorhergesagt werden kann. Kindliche Bindungsmuster sagten am stärksten Sozialkompetenz im Grundschulalter, diese wiederum am stärksten Bindungssicherheit in der Adoleszenz und Letztere am stärksten emotionale Aspekte in Partnerbeziehungen junger Erwachsener voraus. Dabei blieb ein unabhängiger Einfluss von Bindungsmustern in der Fremden Situation (12–18 Monate) auf erwachsene Partnerbeziehungen bestehen, der nach »Abzug« der beschriebenen Zwischeneffekte allerdings nur einen sehr kleinen Effekt hatte (Simpson, Collins, Tran u. Haydon, 2007).

Bei Adoleszenten mit unsicherem Bindungsstatus zeigt sich ein typischer Zusammenhang von vermeidend-unsicheren Bindungsstrategien mit dissozialen Manifestationen (Rosenstein u. Horowitz, 1996). Shaw und Dallos (2005) postulierten deshalb, dass bei Berücksichtigung soziokultureller Faktoren *bindungstheoretische* Aspekte die Entstehung depressiogener Selbstschemata in der Adoleszenz am besten erklären können. Bindungsunsicherheit und ungünstige Selbstschemata führen dann zu sozialen Ängsten in der Adoleszenz. Daraus resultierende Einsamkeit erklärt sich in einer weiteren Studie ebenfalls vor allem aus Bindungsangst, beeinträchtigter sozialer Selbstwirksamkeit und mangelnder Selbstöffnung (McMahon et al., 2006). So entsteht über soziophobe Züge ein starker Prädiktor für Depressionen im jungen Erwachsenenalter.

3.4 Psychodynamik der Depression

Das klinische Bild der akuten Depression ist verbunden mit einem Rückzug aus der Welt, mit einer Minderung des Selbstwertgefühls und der Wendung enttäuschter Impulse gegen sich selbst. So kommt es früh zu einem Teufelskreis, der in der Lerntheorie als Verstärker-Verlust-Theorie konzeptualisiert wird (vgl. Schauenburg, 2017b).

Die Lähmung und die Hoffnungslosigkeit kann auch als Teil eines spezifischen emotionalen Dilemmas verstanden werden, das gern als *depressiver Grundkonflikt* bezeichnet wird (z. B. Rudolf, 2003) und das viele Berührungspunkte mit dem Persönlichkeitsfaktor »Neurotizismus« aufweist: Auf dem Boden unsicherer Bindungserfahrungen entstehen Verlassenheitsängste und ein unsicheres Selbstgefühl. Aus diesen resultiert u. a. eine zu starke Abhängigkeit von der Akzeptanz durch die soziale Umgebung. Im Sinne eines Verarbeitungsversuchs entsteht daraus die Neigung zu einer überstarken Gewissensbildung bzw. hohen Selbstansprüchen. Letzteres dient unterschwellig der sozialen Sicherung. Im subjektiven Erleben führt es aber zu überstarker Selbstkritik. Diese geht andererseits mit häufigem Neid und Enttäuschungsgefühlen, auch gegenüber anderen, einher und befördert das konflikthafte Erleben des »Zu-kurz-Kommens«.

Die Spannung, die hieraus zu den Bezugspersonen entsteht, führt ihrerseits im Sinne eines zweiten Teufelskreises zu einer Verstärkung der »Anfälligkeit« für depressives Erleben. Sie führt häufig zu verdrängenden und verleugnenden Abwehrvorgängen, sodass inneres Erleben oft nicht bewusst ist und auch nicht werden darf. Ärger und Aufbegehren bzw. Distanzierungswünsche würden im Erleben der Betroffenen wichtige Beziehungen und die damit einhergehende Sicherheit bedrohen. Depressionstypische Verunsicherungen entstehen auch aus dem habituellen Gefühl, den eigenen Idealen und Ansprüchen nicht gerecht zu werden.

Es gibt verschiedene Wege, mit solchen Spannungen umzugehen. Typische Muster sind die übertriebene aggressive Hemmung, pseudoaltruistisches Für-andere-da-Sein und starke Ambivalenz in Beziehungen. Die bekannte Neigung zur Selbstentwertung ist ebenfalls eine Form der Entlastung. Sie mindert die Angst vor der Abwertung durch andere, sie stellt Kontakt her zu anderen, indem sie zur Beruhigung und Relativierung auffordert, und sie mag unbewusst eine Bindung an verinnerlichte elterliche Ideale bedeuten.

Diesen »Verarbeitungen« ist gemeinsam, dass sie wiederum zu Problemen in den Beziehungen führen, ihrerseits Ärger, Distanzierungen und Kritik in der Umgebung hervorrufen. Solche Reaktionen verstärken dann wieder die basale Unsicherheit der betroffenen Menschen. Aus diesem »Patt« von verborgener Abhängigkeit und entsprechend beeinträchtigter Persönlichkeitsentwicklung (zu der u. a. normalerweise die Fähigkeit zu Abgrenzung und Wehrhaftigkeit gehören) entsteht also die depressive Vulnerabilität. Ob es dann zum Ausbruch einer Depression unter Belastung kommt, hängt davon ab, wie stark vorhandene Verletzlichkeit bzw. langfristige Labilisierung mit der Schwere des Auslösers und dem Umfang der daraus resultierenden Hilflosigkeit zusammenspielen. Ergänzendes zu diesem Konzept findet sich unten in der Beschreibung unterschiedlicher Persönlichkeitskonstellationen bei Menschen mit Depressionsanfälligkeit (S. 32 ff.).

Der eigentliche depressive Zusammenbruch ist dann oft als eine Gegenregulation bei Versagen der bisherigen Konfliktbewältigung zu verstehen. Er ist eine »regressive Bewegung«, eine Art Schutzreaktion, die dazu dient, in einer Situation von Hilflosigkeit angesichts unlösbarer innerer Konflikte die Bindung an eine Schutz gewährende Instanz (sei es eine wichtige andere Person, sei es das eigene Gewissen) zu gewährleisten. Insofern können alle Situationen, die mit dem Erleben von Angst, Schuld oder Scham sowie einer gewissen Auswegslosigkeit einhergehen, beim Menschen zu Depressionen führen, wenn sie nur das basale Sicherheitsgefühl und die Handlungsfähigkeit der Betroffenen nachhaltig genug beeinträchtigen. Interessant ist an dieser Stelle ein neues Konzept von A. T. Beck, der als psychoanalytisch sozialisierter Pionier der kognitiven Verhaltenstherapie ein Modell entwickelt hat, das die Depression auch unter dem evolutionär erklärten Aspekt der »Energieersparnis« angesichts äußerer Not beschreibt (Beck u. Bredemeier, 2016).

3.5 Bindung, Persönlichkeit und Depression

Unsichere Bindungsstile gelten als früh entstandene sekundäre Verarbeitungsformen problematischer Interaktionserfahrung. Diese werden dann unter vielfältigen Einflüssen zu überdauernden Persönlichkeitsmerkmalen. Hinsichtlich der Rolle der Persönlichkeit für das Depressionsrisiko gibt es verschiedene Traditionslinien, die im Folgenden dargestellt werden (vgl. Schauenburg, 2017a).

3.5.1 Psychoanalytische Modelle

Die Typisierung von Persönlichkeiten mit Depressionsneigung findet eine Vertiefung in der psychoanalytischen Tradition der Persönlichkeitsdiagnostik (s. a. Küchenhoff, 2017). Diese orientiert sich an den Ausprägungen und Arten und Weisen »charakterlicher« Verarbeitungsmodi basaler intrapsychischer Konflikte. Historisch wird der Verlust einer wichtigen Bezugsperson oder eines lebensbestimmenden Ideals bereits von Freud (1917) als zentrales auslösendes Moment einer Depression auf dem Boden einer konfliktgeprägten ambivalenten Beziehung zur verlorenen Person bzw. zu einem verlorenen Status beschrieben. Er konzeptualisierte erstmals den Unterschied zwischen der normalen Trauerreaktion und der Depression als einem Rückzug aus der Welt, verbunden mit Minderung des Selbstwertgefühls und der Wendung aggressiver Impulse gegen das eigene Selbst. Der autoaggressive und selbstbeschuldigende Zug Depressiver wird von ihm mit der Introjektion der enttäuschenden, »bösen« Anteile des verlorenen Objekts in Verbindung gebracht, die dann im Selbst attackiert werden.

Die nächste Generation der psychoanalytischen Theoretiker konzentrierte sich auf die zentrale Rolle des Selbstwertgefühls, das schon damals mit Aspekten der Bindung des Kindes an seine Bezugsperson verknüpft wurde. Rado (1927) beschrieb, auch in Anlehnung an Abraham (1924/1969), dass ein Depressiver in seinen Beziehungserfahrungen die Eltern als vernachlässigend und überwiegend bestrafend erlebt hat. In der Folge identifiziert er sich mit der übermäßigen oder vermuteten oder tatsächlichen Leistungsanforderungen. Situationen des Scheiterns werden in diesem Sinn vor allem als eigenes Scheitern interpretiert, wobei die habituellen Selbstanklagen auch verborgene Anklagen gegen ursprüngliche Bezugspersonen darstellen. Auslösende Situationen einer Depression können von daher nicht nur Verlusterlebnisse, sondern auch Kränkungen, Desillusionierungen und Enttäuschungen sein. Erstmals fand sich hier auch die Zentrierung auf den Aspekt der Hilf- und Machtlosigkeit, das heißt auf den Zusammenbruch der Möglichkeit, die Selbstachtung angesichts belastender Erlebnisse aufrechtzuerhalten (Bibring, 1952).

Spätere Autoren entwickelten Persönlichkeitsmodelle, die verschiedene Persönlichkeitsvarianten beschreiben, die helfen, die genannten inneren Konfliktkonstellationen und »narzisstischen Verletzlichkeiten« zu bewältigen (Mentzos, 2009; Rudolf, 2003). Aktuell wird die Charaktertypologie in psychoanalytischer Tradition besonders im Rahmen der Konfliktachse der OPD abgebildet. Die häufigste Konstellation ist bei depressiven Erkrankungen der Versorgungs-Autarkie-Konflikt, der im aktiven Verarbeitungsmodus Menschen mit einer Neigung zu altruistischer Aufopferung beschreibt (Helfersyndrom) und im passiven Modus willfährige und passive bis abhängige Haltungen. Eine weitere »depressiogene« Konstellation findet sich im passiven Modus des Selbstwertkonflikts, einhergehend mit habitueller Selbstentwertung und übermäßiger perfektionistischer Selbstkritik. Häufig ist bei höherem Strukturniveau auch die Verknüpfung mit einem Kontroll-Unterwerfungs-Konflikt. Dies sind Menschen, die versuchen, ihre depressive Vulnerabilität durch zwanghafte Ordnungssuche und Besitzbewachung zu bändigen.

Bei niedrigerem Strukturniveau findet sich ein Individuations-Abhängigkeits-Konflikt, der im passiven Modus mit massiver Abhängigkeit und Verzicht auf eigenständige Entwicklungen, im aktiven Modus mit einsamer (Pseudo-)Autonomie auftritt. Daneben kommen bei eher höherem Strukturniveau Konstellationen von ödipalem Konfliktmuster vor, in denen Depressivität beim Wegfall oder Nichterreichen besonderer Aufmerksamkeit entsteht (Arbeitskreis OPD, 2006, s. a. Zell Roth, Benecke u. Walter, 2017). Diese Konstellationen haben wiederum Bezüge zu traditionellen Persönlichkeitsmodellen, die wir im Folgenden als »bipolar« darstellen werden und die klare Verbindungen zu unsicheren Bindungsmustern aufweisen.

3.5.2 Bipolare Persönlichkeitstypologien

Die individuelle Auseinandersetzung mit Themen der Getrenntheit und Geborgenheit, der Autonomie und Abhängigkeit, von Verlusten und deren Verarbeitung hat in der Psychotherapie und der Psychiatrie/Psychosomatik der Depression eine lange Tradition. Zentraler Gedanke ist dabei nicht zuletzt, dass die größte Gefahr für den Menschen im Ausschluss aus seiner sozialen Gruppe besteht. Dieser evolutionär potenziell tödlichen Bedrohung kann grob gesehen auf zwei Wegen begegnet werden: durch Anlehnung an gefühlt Stärkere oder durch forcierte Selbstständigkeit, also durch »Objektnähe« oder »Objektferne«.

Diese beiden Entwicklungsstränge finden sich nun historisch in den Beschreibungen der Persönlichkeit depressiver Menschen immer wieder. Beck (1987) unterschied zwischen »autonomen vs. soziotropen« Zügen; Arieti und Bemporad (1983) fanden die Orientierung am dominanten Anderen vs. Orientierung an einem dominanten inneren Ideal, und Blatt (1974) beschrieb anaklitische vs. introjektive Modi depressiver Verarbeitung. Wenn man genau hinsieht, dann spiegelt sich hier auf eine Art auch das empirisch gut fundierte und faktorenanalytisch gewonnene Persönlichkeitsmuster von »Internalisierung« vs. »Externalisierung« wider. Michael Balint (1999) spricht von »Oknophilen«, die das Vertraute lieben, und »Philobaten«, die sich in (hoffentlich) freundlichen Weiten sicher fühlen.

Solche klinisch gewonnenen Typisierungen lassen sich nun ihrerseits in Verbindung mit bindungstheoretischen Kategorien bringen. Soziotrope, anaklitische oder an dominanten Anderen orientierte Verarbeitungen entsprechen in der Bindungstheorie ambivalenten oder verstrickten Bindungsstrategien, die auch als »hyperaktiviertes« Bindungssystem bezeichnet werden (Miculincer et al., 2003); autonome, introjektive und an inneren Idealen orientierte Menschen zeigen Bezüge zu vermeidenden Bindungsstrategien (»desaktiviertes« Bindungssystem). Der folgende Abschnitt wird zeigen, dass die Forschung zum Risikopotenzial unsicherer Bindung viele Befunde ergeben hat, die diese Annahme stützen.

3.6 Empirische Befunde zur Bindungsunsicherheit als Risikofaktor

Der zentrale Beleg für die Bedeutung der Bindungsunsicherheit als Risikofaktor liegt in der Häufung von bindungsunsicheren Verhaltensmustern bei erwachsenen zu Depressionen neigenden Menschen.

In einer Übersicht von Dozier et al. (2008) zeigt sich, dass Menschen mit unipolaren Depressionen mehrheitlich unsicher (etwas häufiger verstrickt/ambivalent als vermeidend) gebunden sind (vgl. auch Mickelson, Kessler u. Shaver, 1997) und darüber hinaus in einzelnen Stichproben ein hoher Anteil unter die Kategorie »ungelöste Traumatisierung« fällt (Fonagy et al., 1996; Reinecke u. Rogers, 2001).

Sucht man unter Depressiven nach den Kriterien einer Persönlichkeitsstörung, zeigen sich typische Überlappungen von ambivalenten Merkmalen mit der großen Gruppe der ängstlich-selbstunsicheren und abhängigen Konfiguration (sog. Cluster C-PS) und auch den expressiven Störungen (histrion, Borderline, sog. Cluster B-PS) und von vermeidenden Merkmalen mit exzentrischen (Cluster A-PS) Persönlichkeitsstörungen (Dozier u. Tyrrell, 1997). In Stichproben, die keine Persönlichkeitsstörungen aufweisen, war der Anteil sicher gebundener Patienten deutlich höher. Das bedeutet allerdings auch, dass eine sicher-autonome Bindungsrepräsentanz nicht als absoluter Schutz gegen depressive Erkrankungen angesehen werden kann (Fonagy et al., 1996).

Antonia Bifulco (Bifulco, Moran, Ball u. Bernazzani, 2002a; Bifulco, Moran, Ball u. Lillie, 2002b) untersuchte beispielsweise, inwieweit unter belastenden Lebensumständen Bindungsunsicherheit das Depressionsrisiko erhöht. Dies tat sie bei 200 Frauen einer Hochrisikogruppe und einer Kontrollgruppe, in Bezug nicht nur auf das Vorkommen unsicherer Bindungsrepräsentanzen, sondern auch hinsichtlich deren Ausprägung und der Vorhersagemöglichkeit von depressiven Erkrankungen über einen längeren Zeitraum. Ihre Stichprobe umfasste Frauen, die entweder langanhaltende Partnerkonflikte, nachgewiesenen gewalttätigen oder sexuellen Missbrauch oder Vernachlässigung in der Kindheit erlebt hatten.

Erwartungsgemäß waren unsichere Bindungsrepräsentanzen in der Risikogruppe deutlich gehäuft. Es zeigte sich, dass insbesondere verstrickte und *aggressiv*-vermeidende Bindungsstile mit einem massiv erhöhten Depressionsrisiko in dieser Stichprobe einhergingen; Einfach zurückgezogen-vermeidende Probandinnen wiesen nur ein leicht erhöhtes Risiko auf. Unsichere Bindungsrepräsentanzen gingen einher mit weiteren depressiogenen Faktoren wie niedrigem Selbstwert, verstrickten Partnerkonflikten und negativer Kindheitserfahrung und führten additiv zu depressiven Erkrankungen. Das gewählte Langzeitdesign konnte zeigen, dass die Wahrscheinlichkeit, in einem prospektiven zwölfmonatigen Zeitraum manifest an einer Depression zu erkranken, umso höher war (bis zu 80 Prozent Inzidenz!), je größer das Ausmaß an Bindungsunsicherheit war.

Insgesamt machen Bindungsaspekte also einen wichtigen Aspekt depressiver Erkrankungen aus. Dabei muss einschränkend die erwähnte Heterogenität der Entstehungsbedingungen beachtet werden, die zu der gemeinsamen »Wegstrecke« einer Depression führen können (Prinzip der Äquifinalität). Doch kann Bindungsunsicherheit natürlich auch viele andere psychische Folgen haben als Depressivität, bis dahin, dass psychische Erkrankungen gar nicht entstehen (Prinzip der Multifinalität). Darüber hinaus lässt das Zusammenwirken von äußeren Belastungen und sowohl biologischen als auch psychologischen Vulnerabilitäts- und Resilienzfaktoren in seiner Komplexität allzu eindeutige Befunde sowieso nicht erwarten.

3.7 Bindungssicherheit, Emotionsregulation und Alltagsbewältigung

Eine Möglichkeit, wie Persönlichkeit und Depression zusammenhängen, kann die eingeschränkte Fähigkeit zur Regulation negativer Emotionen sein. Dies wird heute als ein wichtiges Vermittlungsglied zwischen Bindungsunsicherheit und depressiver Entwicklung gesehen (Malik, Wells u. Wittkowski, 2014). Letztere fanden in ihrem systematischen Review, dass in Studien an Erwachsenen *hyperaktivierende* Strategien (Grübeln, Sorge, forcierte Nähesuche, Neigung zu negativ getönten Erinnerungen, s. a. Miculincer et al., 2003) die Verbindung von ängstlich-verstrickter bzw. ambivalenter Bindung und Depression herstellen. *Deaktivierende* Strategien (Unterdrückung von Gefühlen, Vermeidung, Distanzierung) vermitteln den Zusammenhang von vermeidender Bindung und Depression. Beide Strategien wirken sich negativ auf emotionales Erleben und Verstehen aus (reflexive Selbst- und Objektwahrnehmung) und beeinträchtigen die Gestaltung sozialer Beziehungen.

Diese Abläufe verweisen auch auf den häufigen Zusammenhang von Angsterkrankungen (als manifestem Ausdruck des Zusammenbruchs der Regulation erlebter Bindungsunsicherheit) und Depression (als resignativer Folge dieses Zusammenbruchs) (Marganska, Gallagher u. Miranda, 2013; Manes et al., 2016). Umgekehrt kann Bindungssicherheit einhergehen mit gelingender Emotionsverarbeitung, flexiblem Umgang mit dem Selbst und einer guten Stressregulation und so ein Resilienzfaktor gegen depressive Entwicklungen werden.

Zuletzt zu nennen ist die wichtige Gruppe der Erwachsenen mit »ungelöster Traumatisierung« in Bindungsinterviews. Letztere ist, insbesondere wegen des gehäuften Auftretens dissoziativer Mechanismen und damit einhergehender erheblicher Beeinträchtigung der Emotionsregulation, ein klarer Risikofaktor für depressive Erkrankungen. Leuzinger-Bohleber (2018) zeigt in einem Band dieser Buchreihe die Bedeutung von früher Traumatisierung für chronifizierte Depressionen auf, wobei hier körpernahe Verinnerlichungsprozesse besonders wichtig sind.

Korrelative Zusammenhänge von Bindungsunsicherheit und Depression im Erwachsenenalter sagen über die konkreten Mechanismen depressiver Vulnerabilität noch nichts aus. Deshalb ist es wichtig, dass die unmittelbaren Auswirkungen unsicherer Bindungsrepräsentanzen auf relevante Lebens- und Verhaltensbereiche gezeigt werden können. Wegweisend sind hier die Arbeiten von Pietromonaco, die fand, dass etwa die Beeinträchtigung des Umgangs mit negativen Affekten in alltäglichen sozialen Interaktionen auf vielen Ebenen von Bindungsunsicherheit beeinträchtigt wird und so zu Verletzlichkeit führt. Verstrickte und vermeidende Bindungsrepräsentanzen beeinträchtigen zum Beispiel auf spezifische Art und Weise Partnerbeziehungen und werden so zu depressiogenen Risikofaktoren. Während verstrickte Probandinnen und Probanden nicht nur an ihren Konflikten leiden, sondern diese auch als indirekte Bestätigung von Nähe unbewusst suchen, verleugnen erwartungsgemäß vermeidende Individuen die Bedeutung emotionaler Spannungen in Beziehungen, unter denen sie aber bei genauer Betrachtung ebenso stark leiden wie andere. Hier deutet sich ein bindungstheoretisches Verständnis von Partnerkonflikten an, das Licht auf einige Aspekte des in der Psychoanalyse konzeptualisierten »Wiederholungszwangs« wirft und das nachvollziehbar macht, warum viele Menschen sich aus depressionsfördernden Partnerkonstellationen nicht lösen können (Carnelley, Pietromonaco u. Jaffe, 1994; Pietromonaco u. Barrett, 1997).

Zusammenfassend gibt es also ungünstige Verhaltens- und Erlebensmuster, die die Verbindung von früher zu später Bindungsunsicherheit und zum erhöhten Risiko für depressive Erkrankungen herstellen. Die bisherigen Überlegungen sollen im Folgenden dazu dienen, bindungstheoretisches Wissen mit dem psychotherapeutischen Vorgehen bei akut und/oder chronisch bzw. rezidivierend depressiv Erkrankten in eine psychodynamisch relevante Verbindung zu bringen.

4 Psychotherapie der Depression

Seit Langem ist Psychotherapie ein zentrales Element bei depressiven Erkrankungen. Dies wird auch in der Nationalen Versorgungsleitlinie »Unipolare Depression« für die Bundesrepublik Deutschland festgestellt (DGPPN et al., 2009). Als erwiesen wirksame therapeutische Herangehensweise gilt neben der (kognitiven) Verhaltenstherapie auch die tiefenpsychologisch fundierte bzw. psychodynamische Therapie (zuletzt Steinert, Munder, Rabung, Hoyer u. Leichsenring, 2017).

Der folgende Teil soll zeigen, dass die Verbindung von psychodynamischen und bindungstheoretischen Traditionen auch für »Nachbarschulen« fruchtbar ist.

4.1 Bindungsaspekte psychodynamischer Psychotherapie

Bei der Betrachtung der Therapie der Depression unter Bindungsgesichtspunkten interessieren zunächst Fragen der Therapiebereitschaft und des Therapieprozesses und die Art und Weise, wie Bindungsverhalten den Verlauf und das Ergebnis der Therapie beeinflussen können (s. a. Dinger, 2017).

Warnend muss allerdings vorweggesagt werden, dass die Beurteilung des Zusammenhangs von Psychotherapieprozessen bzw. -ergebnissen mit Persönlichkeitsmerkmalen (wie Bindungsmustern) generell nicht einfach und klar ist. Der Erfolg einer Therapie hängt selten von solchen einzelnen Merkmalen ab. Eher geht es um komplexe motivationale Konstellationen und vor allem um das Gelingen der initialen und dann der weiteren therapeutischen Beziehungsgestaltung durch beide Beteiligte. Diese Gestaltung gehorcht zum Teil eigenen »Gesetzen« (z. B. einer Art »Passung«), und es sind oft »mikroskopische« und teils qualitative Untersuchungen nötig, um hier Aufklärung über positive wie negative Entwicklungen in der Folge bestimmter Interventionen erhalten zu können.

Dennoch lohnt es, Bindungsaspekte genauer zu betrachten, da es naheliegt, dass diese auf verschiedenen Ebenen Auswirkungen auf die Therapie haben. Dies beginnt schon mit der Frage, wer überhaupt und mit welcher Erwartungshaltung Psychotherapie sucht. Während Menschen mit *hyperaktivierenden* Strategien vielleicht bereits unter relativ geringer Belastung Unterstützung aufsuchen, werden diejenigen mit *deaktivierenden* Strategien über einen langen Zeitraum die eigene Hilfsbedürftigkeit nicht wahrnehmen oder anerkennen. Gleichzeitig werden Erstere mit besorgter Aufmerksamkeit den Kontakt zur Therapeutin oder zum Therapeuten auf Stabilität und Bedrohlichkeit beobachten, während Letztere eher Distanz wahren und sich z. B. in (vordergründiger) Gleichmut üben werden. Wir werden im Folgenden sehen, welche therapeutischen Haltungen sich in diesen sehr unterschiedlichen Konstellationen jeweils als hilfreich erweisen.

In der Psychotherapieforschung gibt es seit Langem die Auseinandersetzung, ob störungsspezifische Wirkfaktoren (etwa stark auf eine Symptomatik zugeschnittene Interventionen, z. B. Einordnen und Stoppen von Grübelneigung, Verhaltensaktivierung) oder unspezifische allgemeine Wirkfaktoren (Qualität der therapeutischen Beziehung u. a.) bedeutsamer sind. Beide Aspekte wirken vermutlich synergetisch. Aus bindungstheoretischer Sicht kommt allerdings bei der Depression besonders der therapeutischen Beziehung und der damit zusammenhängenden Möglichkeit für »korrigierende Erfahrungen« im Kontakt mit Therapeuten eine eigene Rolle zu.

In seinem Aufsatz »Elternbindung und Persönlichkeitsentwicklung« (1988, dt. 1995) formulierte Bowlby fünf Hauptaufgaben des Psychotherapeuten, der Psychotherapeutin:

»1. Der Therapeut muss als sichere Basis fungieren, von der aus der Patient (frühere wie aktuelle) bedrückende und schmerzliche, ihm kognitiv bislang weitgehend unzugängliche Szenen zu hinterfragen vermag, darauf vertrauend, im Therapeuten einen geistig wie seelisch adäquaten Partner gefunden zu haben, der ihn versteht, ermutigt und gelegentlich auch führt.
2. muss der Therapeut seinen Patienten animieren, darüber nachzudenken, wie er heute seinen wichtigsten Bezugspersonen begegnet, welche Gefühlserwartungen beide hegen, mit welchen unbewussten Vorurteilen er an enge Beziehungen herangeht und wie es ihm ein ums andere Mal gelingt, bestimmte Situationen zum eigenen Nachteil zu gestalten.
3. ist der Patient zur Prüfung der therapeutischen Beziehung zu ermuntern, weil dieses besondere Verhältnis all seine von den Selbst- und Elternrepräsentanzen geprägten Wahrnehmungen, Annahmen und Erwartungen widerspiegelt.
4. Die Aufgabe besteht in der behutsamen Aufforderung, der Patient möge seine aktuellen Wahrnehmungen, Erwartungen, Gefühle und Handlungen mit den ihm aus der Kindheit und Jugend erinnerlichen Erlebnissen bzw. Situationen vergleichen. Bei diesem ebenso schmerzlichen wie schwierigen Prozess muss der Patient in Bezug auf die Eltern immer wieder ihm bislang unvorstellbare, ungebührliche Gedanken und Gefühle zulassen dürfen, die ihn womöglich ängstigen, erschrecken, befremden etc. und unerwartet stark agieren lassen.
5. ist dem Patienten die Einsicht zu erleichtern, dass seine den eigenen bitteren Erfahrungen oder den fortgesetzten elterlichen Verzerrungen entstammenden Selbst- und Objektrepräsentanzen vielleicht überholt sind oder von vornherein unzutreffend waren. Hat der Patient Struktur und Entstehungsgeschichte dieser ›Leitrepräsentanzen‹ nachvollzogen, so wird ihm deutlich, welche Gefühle, Gedanken und Handlungen sein heutiges Welt- und Selbstbild geformt haben« (S. 130).

Tatsächlich ist ja therapeutische Präsenz und Anteilnahme per se auf unterschiedlichsten Wegen »heilsam«, wie jeder Mensch weiß, der die beruhigende Nähe vertrauter Anderer in Zeiten von Angst, Bedrücktheit o. Ä. als tröstlich erlebt hat (s. a. den stressphysiologischen Mechanismus der Co-Regulation; s. a. Miculincer u. Shaver, 2008).

Und auch die (notwendige) Wiederholung ungünstiger bindungsbezogener Muster in einer therapeutischen Beziehung ist leicht verstehbar. Die Zusammenhänge von unsicherer Patienten-Bindungsrepräsentanz und geringerem Therapieerfolg haben vermutlich damit zu tun, dass unsicher gebundene Patientinnen und Patienten therapeutische Beziehungen herstellen, in denen sich ihre schwierigen »sekundären Strategien«, nämlich ambivalentes oder distanziertes Verhalten, reproduzieren. Diese führen als Übertragungsbereitschaft bei Therapeuten zu transaktionell »verstärkendem« Gegenübertragungsverhalten (Martin, Buchheim, Berger u. Strauss, 2007; s. a. die Abschnitte zu typspezifischen Therapieansätzen, S. 53 ff.) und damit auf je spezifische Weise zu Problemen in oder sogar zum Scheitern der therapeutischen Beziehung. Was den Einfluss auf den Outcome angeht, zeigte sich, dass bindungssichere Patienten die besten Therapieergebnisse haben (Strauß, Lobo-Drost u. Pilkonis, 1999; Strauß et al., 2006; Ehrenthal 2017). Bei den unsicher gebundenen Patientinnen und Patienten erzielten ambivalent-verstrickte in verschiedenen Diagnosegruppen und Behandlungssettings bessere Behandlungsergebnisse als vermeidende (Taylor, Rietzschel, Danquah u. Berry, 2015).

Reis und Grenyer (2004) fanden in einer Studie, dass etwa die Hälfte der Patienten in supportiv-expressiver psychodynamischer Psychotherapie ein *ängstlich*-vermeidendes Bindungsverhalten aufwies und dass diese Gruppe sich signifikant weniger besserte als verstrickte, einfach vermeidende oder sicher gebundene Patienten. Die Kategorie der ängstlichen Vermeidung entstammt der Tradition fragebogengestützter Bindungsinterviews, die immer die beiden Dimensionen »Angst« und »Vermeidung« ausweisen. Stärker belastete und vulnerable Menschen haben üblicherweise auf diesen beiden Dimensionen hohe Werte. Die Autoren interpretieren ihre Befunde so, dass ängstlich-vermeidende Patienten deutlich größerer Schwierigkeiten haben, sich auf einen emotionalen Kontakt mit Therapeuten einzulassen, was tendenziell zu distanzierten Reaktionen bei diesen führt und so einen ungünstigen Therapieprozess in Gang setzt. Die Studie zeigte keinen Zusammenhang zwischen der Qualität der therapeutischen Beziehung und dem Therapieerfolg. Das heißt, unsichere Bindung im Sinne der ängstlichen Vermeidung kann auch dann einen negativen Einfluss auf das Ergebnis haben, wenn die therapeutische Beziehung im subjektiven Erleben der Patientinnen und Patienten gut ist.

Die naheliegende Frage, ob sich unsichere Bindungsrepräsentanzen im Rahmen von Psychotherapien hin zu sicheren verändern können, ist nur in zwei Stichproben depressiver Patienten geprüft worden (McBride, Atkinson, Quilty u. Bagby, 2006; Ravitz, Maunder u. McBride, 2008). Mit Fragebogen gemessen zeigt sich ein Rückgang an Bindungsangst, nur Ravitz fand in ihrer Stichprobe auch einen Rückgang an Vermeidung.

Weiter gibt es Hinweise, dass Besserungen in anderen Persönlichkeitsbereichen, wie dem depressionstypischen selbstkritischen Perfektionismus (der ein ungünstiger Verstärkungsfaktor auf verschiedene depressive Symptome ist, vgl. Wei, Russell, Young u. Heppner, 2006) vor allem in der Folge einer gelingenden therapeutischen Beziehung auftreten (Hawley, Ho, Zuroff u. Blatt, 2006). Es ist dementsprechend wichtig, bestimmten, weiter unten beschriebenen Fallstricken (s. Kap. 4.2.2) der Interaktion zu entgehen und als Therapeutin oder Therapeut hier geeignete Strategien zu entwickeln (z. B. Hardy et al., 1999). Bindungstypbezogene Fokussierungen können dabei hilfreich sein.

Vor der Bearbeitung bindungstypischer Haltungen stehen allerdings klinisch die Stabilisierung und Linderung des depressiven Erlebens und die allgemeine Herstellung einer therapeutischen »Arbeitsbeziehung«. Deshalb beschreibe ich im Folgenden zunächst allgemeine Interventionen, die insbesondere im Umgang mit akut Depressiven sinnvoll sind (diese werden zum Teil auch in Leitlinien empfohlen).

Die besprochenen Vorgehensweisen wurden auch im Rahmen eines »einheitlichen Protokolls« für psychodynamische Therapiemanuale beschrieben (Leichsenring u. Schauenburg, 2014; Steinert, Schauenburg, Dinger u. Leichsenring, 2016). Dieses Protokoll enthält eine Reihe von empirisch geprüften Modulen, die Teil psychodynamischer Therapie von depressiven Erkrankungen sein sollten. Diese Module haben dabei keinen »Kochbuchcharakter«, sondern sollen vor allem helfen, die vielen Aspekte des therapeutischen Prozesses nicht aus den Augen zu verlieren.

Im danach folgenden Abschnitt geht es um die Bearbeitung individueller Erlebensweisen und Interaktionen, die die jeweils persönliche Vulnerabilität besonders bestimmen.

4.2 Psychotherapie bei akuter Depression

4.2.1 Basale Interventionen

Die zentralen Symptome von akutem depressivem Erleben sind klinisch gut bekannt (Angst, Hilf- und Hoffnungslosigkeit, Selbstentwertung, Antriebsminderung und sozialer Rückzug). Oben wurde beschrieben, welche »funktionellen«, also sichernden Aspekte depressive Symptome und Verhaltensweisen haben können. Sie (ver-)binden die Betroffenen in starker Weise mit ihrer Umgebung und verhindern gleichzeitig auf komplexen Wegen, dass Unterstützung, Fürsorge und Trost wirksam werden können. Die derart beeinträchtigte Kontaktfähigkeit der Betroffenen macht deshalb oft zunächst eine stützende und strukturierende therapeutische Haltung nötig, um Entlastung zu ermöglichen. Die hierfür empfohlenen Vorgehensweisen gelten über alle Schulen und Verfahren hinweg (vgl. auch Module 1–4 bei Leichsenring u. Schauenburg, 2014, bzw. Steinert et al., 2016).

Allgemeine Interventionen

Unaufdringliches Zuhören, das Angebot von Zeit und Raum und einer Behandlungsperspektive stellen für viele Patienten schon eine erste Beruhigung dar und schaffen Entängstigung. Die erlebte Starre und Hilflosigkeit können wenigstens mit jemandem geteilt werden. Da depressive Patientinnen und Patienten nicht selten davon ausgehen, dass ihnen Aufmerksamkeit und Zuwendung eigentlich nicht zustehen, ist es unter Umständen sinnvoll, explizit positiv zu bestätigen, dass sie sich Hilfe gesucht haben.

Die therapeutische Haltung kann vorsichtig Zuversicht vermitteln. Dabei ist Zurückhaltung gegenüber sich scheinbar anbietenden »Lösungen« für die oft tragisch verstrickten Lebenssituationen zu empfehlen. Zentrale Handlungsmaxime ist, dass der »Heilungsprozess« bei schweren und lang hingezogenen depressiven Erkrankungen vor allem darin besteht, den Betroffenen das Gefühl von subjektiver Handlungsfreiheit zurückzugeben. Dies verbietet, auch in der akuten Situation, vorschnelle direktive Interventionen, fordert vielmehr vor allem Geduld und Präsenz aufseiten der Therapeuten.

Diagnostik

Neben einer gründlichen Erfragung der depressiven Symptome (u. a. zur Bestimmung der Schwere) sollte vor jeglicher psychotherapeutischen Intervention Klarheit darüber bestehen, ob eine körperliche Erkrankung die depressive Symptomatik mit verursacht oder verstärkt. Die genaue Klärung des Ausmaßes der depressiven Symptomatik (Antrieb, Angst, Schlaf, Appetit, Suizidgefährdung), ferner der sekundären sozialen Einschränkungen, aber auch der Folgen für das Umfeld ist ein wichtiger Teil des Aufbaus des therapeutischen Kontakts. Sie erlaubt unter Umständen auch, die persönlichkeitsnahe Selbstpräsentation der Patientinnen und Patienten zu verstehen. Nicht selten geht es um unmittelbare Schadensminimierung (z. B. bei Gewalt bzw. Elementen von Verwahrlosung). Diagnostisch wichtig sind Hinweise auf Phasen guter Stimmung, auf Kompetenzen (selten von depressiven Patienten direkt angegeben!) und psychische Ressourcen, etwa im Rahmen bisheriger Krisenbewältigungen. »Nichtdepressive« Lebensbereiche und Aktivitäten sollten eruiert werden.

Bestimmung des Behandlungsfokus

Die ausführliche Erhebung der biografischen Anamnese und die Erhebung relevanter Beziehungsgestaltungen (Beziehungsepisoden nach OPD) sind wichtiger Bestandteil des frühen Arbeitsbündnisses und der therapeutischen Beziehung. Gleichzeitig ist dieses biografische Wissen eine Voraussetzung zur Festlegung des Therapiefokus.

Bei Letzterem müssen sowohl die Dringlichkeit eines Themas (z. B. hinsichtlich des primär destabilisierten Lebensbereichs) als auch die Zugänglichkeit eines Patienten, sein kultureller Kontext (vgl. Modul 6 bei Leichsenring u. Schauenburg, 2014, bzw. Steinert et al., 2016), seine Reflexionsmöglichkeiten und seine Motivation berücksichtigt werden.

Neben eher lebenspraktischen Fokussen gehört zur psychodynamischen Sicht auch die Berücksichtigung problematischer Beziehungsmuster (sehr häufig ist z. B. die depressive Neigung zur Unterordnung mit der Folge von Dominanz anderer und zunehmender Selbstentwertung). Die Beziehungsachse der OPD erfasst, wie durch ungünstige Beziehungsmuster, deren »transaktionale« Verstärkung durch die soziale Umgebung – im Sinne von Übertragung und Gegenübertragung also auch in der therapeutischen Beziehung – ungünstige Interaktionen verfestigt werden (Arbeitskreis OPD, 2006; vgl. auch Zimmermann, Stasch, Grande, Schauenburg u. Cierpka, 2013). Gerade die Erarbeitung eines Beziehungsfokus Sinne der OPD ist sehr hilfreich für die Entwicklung therapeutischer Strategien: Er ermöglicht die Fokussierung auf das subjektive Erleben der Interaktion durch den Patienten, aber auch, Vermutungen über das Erleben anderer Beteiligter anzustellen. Es wird möglich, über verborgene und abgewehrte Affekte zu sprechen und innere Widersprüchlichkeiten und Ambivalenzen zu thematisieren.

Umgang mit Suizidalität

Beim Vorliegen von Suizidgedanken ist deren Ausmaß und Stellenwert in der Biografie des Patienten oder der Patientin genau zu ergründen (z. B. »familiäre Traditionen«). Suizidversuche und Suizidalität basieren meist auf subjektiven Lebensbilanzen, die korrigierbar sind. Die Schilderung suizidalen Erlebens enthält immer auch einen Appell an menschliche Bindung, dem implizit in der ausführlichen Exploration gefolgt wird. Zeitlicher »Aufschub« ist dabei wichtig, um die Möglichkeit zur gemeinsamen Betrachtung der aktuellen Lebenssituation zu schaffen.

Behandlungsrahmen

Im Rahmen der ersten Kontakte ist die Vermittlung von Informationen über Symptomatik und Charakter sowie ggf. die Hintergründe der Erkrankung sinnvoll. Fragen der Therapieerwartung und vor allem der Behandlungsdauer sollten, wenn möglich, bereits im ersten Kontakt angesprochen werden. Es kann sinnvoll sein, zunächst eine kürzere Vereinbarung (z. B. Kurzzeittherapie im Rahmen der Richtlinientherapie) zu treffen (mit Aussicht auf Klärung des weiteren Bedarfs!), nicht zuletzt um eventuelle Abhängigkeitsängste nicht zu sehr zu mobilisieren.

Häufig sind Patienten ambivalent gegenüber der Therapie und brauchen genauere Informationen über Methode, Ziel und Ablauf einer Therapie. Hinderliche Vorstellungen und Vorbehalte sollten offen angesprochen werden. Patienten sind ggf. über Missverständnisse aufzuklären, und Vor- und Nachteile von aus der Therapie möglicherweise folgenden Veränderungen können gemeinsam reflektiert werden. Speziell an dieser Stelle sind die oben diskutierten Bindungsrepräsentanzen der Patienten von entscheidender Bedeutung. Vermeidend gebundene Patientinnen und Patienten können zur Bagatellisierung neigen (und damit zu vorschneller und unangemessener Beruhigung beim Gegenüber verleiten), während ambivalent gebundene dazu einladen können, die Lage schlimmer zu sehen, als sie vielleicht bei Betrachtung aller Ressourcen sein mag (was unbewusst ebenfalls distanzierende Gegenübertragungsgefühle auslösen kann).

Die Entscheidung darüber, ob eine längere Therapie nötig ist, wird u. a. davon abhängen, wie umfassend das soziale Leben der Betroffenen beeinträchtigt und sekundär geschädigt ist, das heißt, inwieweit anhaltende schwere Belastungssituationen und/oder soziale Isolierung bestehen.

Ebenso ist wahrscheinlich, dass schwerere strukturelle Beeinträchtigungen oder lebenslange intrapsychische Konfliktkonstellationen im Sinne einer Persönlichkeitsstörung höheren therapeutischen Aufwand erfordern. Die Einbeziehung eines Partners im Rahmen von Paargesprächen ist deshalb nicht selten im Verlauf ein wichtiger Therapiebestandteil, dessen Facetten hier aus Platzgründen nicht eigens behandelt werden können.

Zum Behandlungsrahmen gehören auch das Klären einer eventuellen *Begleitmedikation* und deren Nebenwirkungen sowie die Frage, wer diese verordnet und die entsprechende medizinische Begleitung durchführt.

Aktive Stützung

Im Zuge depressiver Erkrankungen haben sich oft vielfältige Schwierigkeiten im sozialen Leben der Patienten entwickelt, die ihrerseits zur Verstärkung der Symptomatik beitragen. Deshalb ist es besonders zu Beginn wichtig, den Patienten eher aktiv bei Lösungen zu helfen, nicht zuletzt um auch hierdurch Kontakt und eine sicherere therapeutische Bindung (»secure base«) herzustellen. Oft geht es an dieser Stelle dann um die Erschließung *»antidepressiver«* und tagesstrukturierender Strategien im Alltag. Hierzu können sportliche Aktivitäten gehören, aber auch andere Formen aktiver Betätigung oder die (Wieder-)Aufnahme sozialer Kontakte. Auch die wichtige Wiederherstellung des ggf. gestörten Schlafs gehört hierhin, unter Umständen unter Einsatz von Medikamenten.

Selbstwertthemen

Zentral ist oft von Beginn an die Thematik der habituellen Selbstentwertung. Hier besteht die therapeutische Arbeit darin, die auch vom Therapeuten selbst erlebte Hilflosigkeit »auszuhalten« und den Patienten keine vorschnellen Ratschläge zu geben oder mit ihnen über die Unangemessenheit der Selbstentwertung zu »streiten«. Diese hat natürlich auch ein »bindendes« Motiv, weshalb ein *zu schneller* Trost (»haben Sie doch gut gemacht«) oder die Aufforderung, doch eigene Ansprüche zu reduzieren, von Patientinnen und Patienten als Zurückweisung aufgefasst werden kann. Unabhängig davon gehören nachfragende, empathische und auf Verstehen ausgerichtete Interventionen zum basalen Vorgehen ebenso wie tröstende, Mut zusprechende, gemeinsame Lösungen suchende Vorgehensweisen.

Generell ist Beruhigung nötig, um die »gelähmte« Mentalisierungsfähigkeit wieder herzustellen. Ganz direkt kann diese durch Interventionen verbessert werden, die darauf zielen, den Patienten Distanz zu ihrem inneren Erleben und einen Blick »von außen« zu erleichtern und damit aus dem Gefühl der Unabänderlichkeit herauszufinden (s. a. den traditionellen Begriff der therapeutischen Ich-Spaltung). So kann die Selbstbeobachtung in Bezug auf *Stimmungsschwankungen* befördert werden, also besser zu sehen, wie die Stimmung positiv und negativ beeinflusst werden kann.

4.2.2 Frühe (und spätere) therapeutische Fallstricke

Die subjektive Ausweglosigkeit und Lähmung des Erlebens Depressiver bedeutet meist auch eine Belastung des therapeutischen Kontakts. Deshalb besteht die Gefahr, sich als Therapeutin oder Therapeut in ungünstige Interaktionen verstricken zu lassen.

- Die Begegnung mit depressiven Patienten, also Menschen mit aktiviertem Bindungssystem (bei unsicheren sekundären, oft ambivalent-verstrickten Strategien!), löst bei Therapeuten Handlungsdruck und eventuell Hilflosigkeit aus. Der Impuls, zu beruhigen, ist deshalb einerseits wichtig, wird aber von ambivalenten Patienten leicht als Bagatellisierung erlebt (»das ist doch ganz normal und kommt häufig vor«). Solche Aussagen übersehen aber, dass sie als Trost für Patienten nicht ausreichen.
- Die vielfältigen, teils fordernden, teils vorwurfsvollen Interaktionsangebote der Patienten sind auch als Test auf die »Tragfähigkeit« von Therapeuten zu verstehen. In der Antwort ist es wichtig, sowohl Überengagement als auch unterschwellige Distanzierung,

angestoßen durch die inneren Bindungsmodelle der Patienten, zu vermeiden.
- Beschwerdeschilderungen und Klagen werden nicht als Kontaktwunsch gesehen, sondern als Frage nach konkretem Rat missverstanden (der aber zum Beginn des Kennenlernens praktisch niemals seriös gegeben werden kann).
- Das Modell der Wendung der Aggression gegen das Selbst als zentraler depressiver Mechanismus führt häufig zur vorschnellen Deutung und Spiegelung von Aggressivität(shemmung) (»da müssen Sie doch wütend gewesen sein«). Dies kann zur Folge haben, dass sich die Patientinnen und Patienten noch hilfloser fühlen und ihre Selbstentwertung verstärkt wird.
- Auch der Versuch, negatives emotionales Erleben vertieft zu ergründen (»wie genau haben Sie sich da gefühlt?«, z. B. um sich »abgewehrter Wut« etc. zu nähern) treibt Patienten eher in eine »Problemtrance«. Dies ist grundsätzlich natürlich eine naheliegende Intervention, muss aber ggf., insbesondere in akuten Phasen, zum Ende einer Stunde mit emotionaler Kontrolle über das Erleben verknüpft werden (»guter Abschluss«).
- Ungünstig ist es, bei der Suche nach auslösenden Ereignissen Patienten mit biografischen Konstellationen zu konfrontieren, ohne dies an deren Befinden und innere Möglichkeiten anzupassen (»Sie müssen sich jetzt mal von Ihrer Mutter lösen«).

Diese wenigen und sicher unvollständigen Beispiele zeigen aus unserer Sicht, dass gut gemeinte Interventionen auch unerwünschte Folgen haben können. Deshalb ist die enge Orientierung am Erleben der Patienten *in* der Therapie wichtig. Eine Botschaft der Therapieforschung ist, dass Therapeutinnen und Therapeuten dieses Erleben oftmals zu wenig kennen und direkte Fragen danach vermeiden.

4.3 Weiterführende Psychotherapie: Konfliktthemen, Bindungsmuster und abgewehrtes Erleben

4.3.1 Allgemeine Aspekte der psychodynamischen Psychotherapie bei Depressionen

Viele therapeutische Begegnungen mit akut depressiven Patientinnen und Patienten, wie sie eben dargestellt wurden, gehen unabhängig vom Verfahren in eine regelrechte mittel- bis längerfristige Psychotherapie über (vgl. Modul 5 bei Leichsenring u. Schauenburg, 2014; Steinert et al., 2016).

Eine entsprechende tiefenpsychologisch fundierte Psychotherapie wird im Sitzen durchgeführt. Regression (z. B. die intensive Aktivierung von Affekten) wird zunächst begrenzt (z. B. indem Ziele gesetzt oder längere Schweigepausen vermieden werden). Therapeutische Aufgabe ist es, Patienten bei der Wahrnehmung und im Umgang mit ihren Gefühlen zu unterstützen, sich gegen Selbstentwertung zu stellen, Interesse und Neugierde für die Mitteilung der Patienten und an ihrer Weiterentwicklung zu haben.

Spezifisch für psychodynamische Prozesse ist ein Vorgehen, das idealtypisch vom *Sprechen über schwierige Beziehungserfahrungen* hin zur Thematisierung der *eigenen unbewussten »Anteile«* an der ungünstigen Entwicklung und daraus resultierend *zu aktiven Verhaltensänderungen* »voranschreitet« (expressiv/aufdeckend, vgl. z. B. Umstrukturierungsmodell im Sinne der Operationalisierten Psychodynamischen Diagnostik, Arbeitskreis OPD, 2006). Bei der Betrachtung ungünstiger bindungsbezogener Interaktionsmuster geht es darum, alternative Möglichkeiten zu entwickeln, die das Selbstwirksamkeitserleben stärken helfen. Weitere Themen sind zum Beispiel, Hilfe annehmen zu dürfen, für sich sorgen zu können, sich zu behaupten oder abzugrenzen.

Therapeuten und Therapeutinnen sollten dabei eine aktive Haltung einnehmen, so beispielsweise indem ein Fokus identifiziert und thematisiert wird und indem systematisch supportive Elemente angewendet werden. Um den Transfer aus der Therapie in den Alltag zu erleichtern, werden neu gewonnene Einsichten aktiv reflektiert, und Patienten werden dazu ermuntert, neue Verhaltensweisen zu erproben. Oft werden das Zulassen schmerzlicher Erfahrungen und die Trauer um unwiederbringliche Verluste und Begrenzungen eine Rolle spielen. Im gelingenden Fall findet eine Versöhnung mit solchen biografischen Erfahrungen statt.

Patientinnen und Patienten erkranken nach psychodynamischem Verständnis depressiv, weil ihre kompromisshafte Bewältigung basaler Selbst- bzw. Bindungsunsicherheit (depressiver Grundkonflikt, Rudolf, 2003) unter bestimmten inneren bzw. äußeren Belastungen nicht mehr ausreichend ist. Die Depression ist somit eine psychophysiologische Hilflosigkeitsreaktion. Ob sich eine akute Depression chronifiziert, hängt (neben dem Fortbestehen von äußeren Belastungsfaktoren) dann davon ab, ob deren Überwindung durch eingeengte Bewältigungsmechanismen und vor allem durch dauerhaft ungünstige Beziehungsmuster (unterschiedliche Verarbeitung des depressiven Grundkonflikts) beeinträchtigt ist.

In einer hilfreichen Psychotherapie geht es auch darum, diese Muster mithilfe von Übertragung und Gegenübertragung zu verstehen und zu bearbeiten bzw. zu überwinden. Deshalb werden wir im Folgenden zwei an unserer Bindungstypologie orientierte Verarbeitungskonstellationen gegenüberstellen und an ihnen typische Aspekte der psychodynamischen Depressionstherapie erläutern.

4.3.2 Psychotherapie bei regressiver (»verstrickter«) Verarbeitung des depressiven Grundkonflikts

Fallbeispiel

Frau B., vierzig Jahre alt, eine verheiratete Softwareprogrammiererin ursprünglich tunesischer Herkunft, kommt nach mehreren therapeutischen Vorversuchen in stationäre Psychotherapie. Sie war einige Monate zuvor depressiv zusammengebrochen, nachdem sie wegen der aufopferungsvollen Fürsorge für eine belastete Nachbarin in zunehmende Konflikte mit ihrem Ehemann geraten war. In der Folge entwickelten sich schwere depressive Verstimmungen und teilweise dissoziatives Erleben bis hin zu Selbstverletzungsimpulsen, denen sie aber nicht nachging. Im Rahmen einer ersten stationären Therapie andernorts hatte die Patientin sich sehr mit ihrer Mutter beschäftigt, zu der sie Jahre zuvor den Kontakt abgebrochen hatte und an die sie sich verbittert als übermäßig strenge und entwertende Person erinnerte. Seit dem Zusammenbruch war sie nun schon über ein Jahr arbeitsunfähig, was zu einer Vertiefung ihrer Selbstzweifel beitrug. Gleichzeitig war sie durch die Betreuung ihrer 17- und neunjährigen Söhne erheblich gefordert. Die Partnerbeziehung ist hoch ambivalent, und in der Vergangenheit war es zu verbal sehr aggressiven Auseinandersetzungen gekommen. Therapeutische Versuche, bessere Selbstfürsorge und Abgrenzung zu befördern, wurden eher mit mildem Lächeln beantwortet, da sie ja nun mal nicht anders könne. Im Kontakt entstand so oft ein Gefühl von Lähmung und großer Spannung.

Übertragungs-Gegenübertragungs-Konstellation

Verstrickte Patienten haben unterschwellig eine hohe Erwartung an die Therapie. Daraus erwächst ein besonders hohes Risiko für Enttäuschung. Therapeuten erleben sich unter dieser Erwartung in der Gegenübertragung entweder so, wie die Patientinnen und Patienten sich selbst, nämlich überfordert und schuldig (konkordante Gegenübertragung), oder aber so, dass sie sich innerlich distanzieren und damit bekannte Muster von Zurückweisung reproduzieren (komplementäre Gegenübertragung). Beides sind Ausdrucksformen einer verstrickten Bindung. Depressive Menschen initiieren bei anderen häufig Hilfsangebote, Beschwichtigungen und Aufmunterungen, die aber meist wirkungslos bleiben. Das (therapeutische) Gegenüber ist dann selbst enttäuscht, ratlos und zieht sich eventuell zurück, was bei den Betroffenen zum Gefühl führt, alleingelassen zu werden. Schuldgefühle bei Therapeuten können dann zu »hektischen Aktivitäten«, etwa zum vorschnellen Wechsel der Therapiestrategie führen. Verstärktes Bemühen (Stunden überziehen!) statt gelassener Begleitung kann aber zu Schulderleben beim Patienten führen, der sich quasi zur Besserung »verpflichtet« fühlt. Angemessener ist eine geduldige Strategie der kleinen Schritte und Erfolge.

Ein zentraler Wirkmechanismus in der Therapie Depressiver besteht vermutlich gerade in deren Identifikation mit einer solchen ruhigen Gelassenheit, aber auch in der taktvollen Abgrenzungsfähigkeit von Therapeutinnen und Therapeuten (Modelllernen!).

Fallbeispiel

Frau B. schien jeweils voller Erwartung, was unser Gespräch für hilfreiche Empfehlungen ergeben würde. Im Therapeuten entstand so oft das Gefühl der Ratlosigkeit und des Kontrolliertwerdens. Da sie gleichzeitig zeitweilig unter dissoziativen Zuständen litt, die mit Gewalterlebnissen in der Ehe in Verbindung standen, wurde in der Therapie ein relativ strukturiertes Vorgehen gewählt. Antidissoziative Übungen und eine wiederholte Besprechung ihrer Wünsche an die Therapie standen im Zentrum.

Typische »verstrickte« Verarbeitungen: Altruismus, Ambivalenz, gehemmte Aggressivität, Wendung gegen das Selbst

Das Verhaltensmuster der »altruistischen Abtretung« (A. Freud, 1936), also der zum Teil aufopferungsvollen Fürsorge für andere (vor dem Hintergrund uneingestandener eigener Bedürftigkeit), ist bei vielen Patientinnen und Patienten zu finden. In der »Aufopferung« auf der Suche nach »zuverlässiger« Nähe liegt oft ein Wiedergutmachungsanspruch (»wie ich dir, so du mir«), der den Keim für depressionstypische Enttäuschungsreaktionen legt.

Weiter fürchten viele depressive Menschen, dass die Realisierung eigener Interessen, das Befolgen expansiver Wünsche oder auch aggressive Auseinandersetzungen zur Abwendung anderer führen.

Fallbeispiel

Wie schon in der auslösenden Konstellation in der Nachbarschaft deutlich wurde, spielte diese Verarbeitung eine große Rolle bei Frau

B. Rasch geriet diese auf der Station in die Rolle der aufmerksamen und einfühlsamen Zuhörerin. Es ergab sich, dass sie diese Haltung mit einer Aussage ihrer Mutter in Verbindung brachte, die ihr als Kind gesagt hatte: »In Deutschland wird man sich nur wegen deiner Hautfarbe (die sehr ambivalent besetzt war) für dich interessieren.« Mit ihrer Hilfsbereitschaft wollte sie dieses Verdikt widerlegen. Es sollte auch »noch andere Gründe geben«. Eine sehr lange Zeit war die Therapie davon bestimmt, hier Möglichkeiten zur Distanzierung zu entwickeln, zumal Frau B. von der emotionalen Inanspruchnahme durch einige Mitpatienten (ohne wirklichen Kontakt) zunehmend genervt war. Sie fing an, diesen Zug an sich kritisch zu betrachten.

Negative Gefühle

Viele depressive Patientinnen und Patienten erleben Enttäuschung und Wut bzw. Neid. Die bindungsunsichere Ambivalenz gegenüber wichtigen Bindungspersonen (oft auch im Verborgenen gegenüber Therapeuten) und die damit verbundene Aggression, die vordergründig vor allem in Selbstanklagen zum Ausdruck kommt, sollten vorsichtig thematisiert werden. Sinnvoll ist es, zunächst die positiven Beziehungen und Gefühle hervorzuheben, um später ggf. die in jeder Beziehung unvermeidliche Enttäuschung(saggression) zu bearbeiten. Geäußerte Vorwürfe an den Therapeuten oder die Therapeutin sollten auf ihre »realistischen« Anteile geprüft und ohne defensive Rechtfertigung akzeptiert (aber natürlich nicht unbedingt bestätigt) werden. Die Anerkennung des subjektiven Erlebens (z. B. bezüglich fehlender Einfühlung aufseiten von Therapeuten) ist hilfreich, insbesondere wenn Patienten habituelle Zweifel an ihrer eigenen Wahrnehmung haben.

Fallbeispiel

Wiederholt geriet Frau B. in massive Selbstentwertungen, auch nachdem insgesamt schon eine Beruhigung und Besserung der Stimmung erreicht war. Es war wichtig, immer wieder entsprechende auslösende Situationen geduldig anzuschauen und den automatisierten (und auf

Nähe und Trost abzielenden) Mechanismus zu identifizieren. Eine erfrischende Fähigkeit zur Selbstironie erwies sich in diesem Zusammenhang als sehr hilfreich.

Therapieziele

Ziel ist es, die mit der Enttäuschung einhergehende Neigung zur Selbstentwertung (»Wendung gegen das Selbst«) aufzulösen und Schuldgefühle realistischer zu betrachten. Therapeutisch geht es darum, die widerstrebenden Tendenzen (von Annäherung und Distanz) in den sozialen Interaktionen herauszuarbeiten und anzuerkennen, dass diese Teil aller lebendigen Beziehungen sind. Dies gelingt umso leichter, je eher ein Patient lernt, seine unsicheren Vorstellungen der »Verfügbarkeit« anderer zu relativieren und im Alltag andere Erfahrungen mit der Umgebung zu machen. Insgesamt geht es bei den regressiv-verstrickten Verarbeitungsformen also darum, Individuierung, Abgrenzung und nicht zuletzt Interessendurchsetzung zu fördern.

Fallbeispiel

Im Verlauf der stationären Therapie war es Frau B. möglich, inneren Abstand zu den auslösenden Themen (Mutterbeziehung, angespannte Ehe, Nachbarschaftskonflikt) herzustellen. Schließlich war es ihr sogar möglich, die Mutter wiederzusehen und diese in ihren Begrenzungen etwas besser anzunehmen. In diesem Zusammenhang wurde auch der Druck hinsichtlich des Wiedereinstiegs in die Arbeit relativiert und sie konnte eine komplexe Wiedereingliederungsmaßnahme akzeptieren.

Beendigung der Therapie (Modul 7 des einheitlichen Protokolls; vgl. Leichsenring u. Schauenburg, 2014; Steinert et al., 2016)

Wegen der verstrickten Bindung ist die frühe Thematisierung des unausweichlichen Endes der Therapie wichtig. In diesem Zusammenhang kann auch die befreiende Seite des Erlebens von Eigenständigkeit und Getrenntheit thematisiert werden. Allerdings braucht es gleichzeitig »Rückendeckung« und Kontaktangebot, insbesondere wenn Patientinnen und Patienten sehr viel Angst vor Verlust haben.

4.3.3 Psychotherapie bei »progressiver« (vermeidender) Verarbeitung des depressiven Grundkonflikts

Fallbeispiel
Herr C., ein 43-jähriger Bankangestellter, tut sich schwer in den ersten Therapiesitzungen. Wenig spürbar ist sein Leid, vielmehr wirkt er abgeklärt, interpretiert sich und seine Situation vordergründig vernünftig und endgültig, sodass sich sein Gegenüber bald fragt, was der Patient sich wohl an »Zusätzlichem« von einer Psychotherapie verspricht. Wäre da nicht die Lebenssituation einer ratlosen Einsamkeit in der Folge eines unerfüllten Kinderwunschs (»Wir sehen keine Freunde mehr. Ich halte das dauernde Reden über ›die Kinder‹ nicht aus!«). Erst langsam entfaltet sich hinter der Trauer eine lange gefühlte Wut und Enttäuschung gegenüber den noch lebenden Eltern, die den erfolgreicheren älteren Bruder und die Enkelkinder immer in den Himmel gelobt haben. Die inzwischen recht stark ausgeprägte Depression äußert sich in Antriebslosigkeit, erheblichen Schlafstörungen und Freudlosigkeit. Selbstzweifel sind eher verdeckt.

Die Partnerschaft blieb all die Jahre unter den Belastungen verschiedenster Versuche, schwanger zu werden, stabil. Allerdings kam erschwerend hinzu, dass die Ehefrau wegen einer schweren rheumatischen Erkrankung seit einigen Jahren EU-Rente bezieht. Es geht ihr zu dem Zeitpunkt relativ gut, aber auch sie leidet unter der Situation und den Spannungen in der Ehe.

Übertragungs-Gegenübertragungs-Konstellation
Patienten mit vermeidenden Zügen wehren oft emotionale Bedürftigkeit ab, auch gegenüber Therapeutinnen und Therapeuten. Das geschieht u. a. durch zwanghafte Kontrolle (oft auch über ausgeprägte Somatisierung), durch misstrauisches Abwarten oder aber durch narzisstische Idealisierung bzw. Entwertung. Entsprechend ist das Erleben in der Gegenübertragung nicht selten von Ärger, Distanz oder Sorge um die eigene therapeutische Kompetenz gekennzeichnet.

Vermeidende Patienten sind u. a. deshalb eher ablehnend, weil sie Therapiebedürftigkeit als Kränkung ansehen. Selbstentwertung ist deshalb weniger mit der Suche nach Unterstützung durch den Therapeuten verknüpft, sondern eher mit dem Tenor, dass »sowieso niemand helfen kann«. Dies entspricht der Lebenserfahrung mit Bezugspersonen, die wenig Nähe und Geborgenheitserfahrung vermitteln konnten bzw. denen die Patienten dann im späteren Leben auch wenig Chancen dazu gaben. Es besteht deshalb die Gefahr der »Reinszenierung« in der Therapie: Therapeuten gehen, befördert durch die entwertende und resignierte Art der Patienten, ihrerseits auf Distanz. Sie erleben sich karg und ratlos und beginnen manchmal, die Patienten narzisstisch zu entwerten (»totaler Somatisierer«, »völlig narzisstisch«). So bestätigen sie ungewollt deren »Arbeitsmodell von Bindung« (»Ich bin sowieso auf mich gestellt, keiner kann und will mir helfen«; Bowlby, 1988, dt. 1995).

Fallbeispiel

In der Therapie wirkt Herr C. manchmal ein bisschen »überheblich«, als gäbe es da wenig Neues zu erwarten. Ein gewisses Gefühl der »Nutzlosigkeit« aufseiten des Therapeuten wurde schon erwähnt. Meine Überlegungen werden rational geprüft und bewertet, allerdings auch nicht manifest in Frage gestellt. Der Patient ist sympathisch, aber wenig emotional zugänglich. Auf der anderen Seite kommt er mit Gewissenhaftigkeit in jede Sitzung. Erst mit der Zeit entsteht ein Eindruck von seinem sozialen Leben, das in der depressiven Zeit vor allem von massiven Entscheidungsschwierigkeiten, Handlungsblockaden und hypochondrischen Beschäftigungen mit dem eigenen Körper geprägt ist.

Typische vermeidende Verarbeitungen: Kränkbarkeit, Selbstansprüche, Scham

Die vordergründige Herablassung als Teil der narzisstischen Kompensation mancher Patienten und Patientinnen spielt im späteren Therapieverlauf oft nur noch eine untergeordnete Rolle. Wichtiger sind die dahinter liegende Scham und die Selbstzweifel als Ausdruck der starren Ausrichtung an nicht hinterfragten inneren Idealbildungen. Es ist hilfreich, zu verstehen, dass selbstentwertende Haltungen zum Beispiel der Aufrechterhaltung einer inneren Bindung an wichtige, unbewusst mit diesen Idealen verknüpfte Primärpersonen dienen können. Andererseits helfen die hohen Selbstanforderungen auch bei der Abgrenzung von diesen, wenn sie als schwach bzw. versagend erlebt wurden.

Außerdem können Selbstanklagen der Gefahr vorbeugen, von Therapeuten entwertet zu werden. Häufig ist der therapeutische Impuls, zur »Reduzierung der eigenen Ansprüche« aufzufordern. Da dies von Patienten tendenziell als vorwürflich erlebt wird und sie noch mehr unter Druck setzen kann, sind indirekte oder »tangentiale« positive Rückmeldungen (»Sie sind ja ein Mensch mit Humor, also …«) langfristig hilfreicher, da sie es den Patienten ermöglichen, sich mit eigenen Stärken zu erleben, und dies ihnen nicht »zu nahe« tritt, was Relativierungen provozieren würde (»Ja, aber …«).

Fallbeispiel

Der therapeutische Prozess ist einerseits geprägt von »kontrollierten« Klagen über die »nervenden« Eltern, mit denen Herr C. aber wenig Kontakt hat, und anderseits von Versuchen, etwas mehr an sein emotionales Erleben heranzukommen, das nur dann vorsichtig aufscheint, wenn ihm kaum merkbar bei bestimmten Themen Tränen in die Augen steigen. Als Therapeut erlebe ich Zurückgenommenheit und Selbstkontrolle, unterschwellig aber auch eine fast »zutrauliche« Anlehnung.

Therapieziele

In dieser Gruppe von Patientinnen und Patienten stehen die Realisierung eigener Grenzen, die Relativierung von Ansprüchen an andere, die Anerkennung von Abhängigkeit und Angewiesensein und die Nutzung von hilfreicher Nähe als zu erreichende Ziele im Zentrum.

Beendigung der Therapie (Modul 7)

Bei Patienten aus dieser Gruppe besteht die Gefahr, sie »zu früh« ziehen zu lassen. Zu beachten ist also die Affektvermeidung, weshalb versucht werden sollte, Trauer, Alleinsein und Enttäuschung anzusprechen. Die Wertschätzung von Verbundenheit und die fokussierte Betrachtung abgewehrter Trauerprozesse sind also zum Behandlungsende besonders wichtig.

Fallbeispiel
Auch wenn in der Therapie vordergründig wenig passiert, geht es Herrn C. ganz langsam besser, er wird sozial aktiver und die Spannungen in der Ehe lassen deutlich nach. Vermutlich unterschätze ich die große Bedeutung, die es für den Patienten hat, offen über sich zu sprechen und nicht beschämt zu werden. Interessant ist, dass trotz der unterschwelligen Distanz zuletzt der Wunsch des Patienten besteht, die Therapie niederfrequent über einen längeren Zeitraum fortzusetzen, was dann auch geschieht.

4.4 Weitere Elemente der Psychotherapie mit depressiven Patienten

Der Bezug dieser Ausführungen zur Bindungstheorie erfordert es, dass unterschwellige, aber wichtige Elemente des therapeutischen Kontakts erwähnt werden müssen. Bowlby hat Therapeuten die Aufgabe zugewiesen, den Patienten als »sichere Basis« zur Verfügung zu stehen. Dabei ließ er die Frage offen, auf welchem Weg dies am besten geschehen kann. Moderne Sichtweisen knüpfen nun am Prinzip der Co-Regulation an, also an der Fähigkeit des Menschen, sich in der Nähe eines verständnisvollen und mitschwingenden Anderen zu beruhigen und klarer denken zu können. Hiervon ausgehend sollen im Verlauf dann per Identifikation und Modelllernen selbstregulative Fähigkeiten erreicht werden.

4.4.1 »Attunement« oder Eingestimmtheit des Therapeuten
Der Begriff des »Attunement« der Entwicklungspsychologie meint in diesem Sinn die affektive und kognitive Einstimmung der Bezugs-

person auf das Kind bzw. auch die wechselseitige Einstimmung der Beteiligten aufeinander. Diese Konzeptualisierung hat natürlich einen engen Bezug zur Empathie und zum einfühlenden Verstehen, geht aber in bestimmten Aspekten darüber hinaus. In der Psychotherapie ist dieses »Attunement« wesentliche Voraussetzung für die genannte Funktion der »sicheren Basis« und hilft bei einer gesunden Entwicklung explorativer und selbstrealisierender Verhaltensweisen. Vertrauensvolle Sicherheit auch angesichts »unangenehmer« Affekte ist ein wesentliches Element der Therapie gerade depressiver Patienten und Patientinnen. Dabei kann Einstimmung bzw. »Attunement« viele und wechselnde Formen annehmen. In Analogie zur elterlichen Pflegefunktion kann es um Beruhigung, Ablenkung, Aktivierung, Kontemplation oder auch Interpretation von inneren Zuständen gehen. Forschungen zur nonverbalen Einstimmung von Therapeuten auf ihre depressiven Patienten ergaben beispielsweise: Je besser diese bereits zu Beginn der Therapie auf mimischer Ebene ist (z. B. unterstützend und ermunternd bei depressiven Klagen), desto besser wird das spätere Ergebnis. Diese Eingestimmtheit von Patient und Therapeut ist also ein wesentlicher, wenn auch insgesamt schwer zu fassender Faktor, zu dem ganz zentral auch das zeitweilige *Akzeptieren* depressiver Einbrüche der Patienten durch den Therapeuten gehört. Allerdings geht es hier nicht, wie oft falsch verstanden wird, um das »Ertragen« mit einer Art bedingungsloser Freundlichkeit: Freundlich-förderliche Konfrontationen und angemessene Kritik können offensichtlich ebenso zum Verstehensprozess und zu einer positiven therapeutischen Beziehung beitragen wie Geduld und Akzeptanz.

Zu den letzten Aspekten: Ein wesentliches Moment der Behandlung Depressiver ist das »Durcharbeiten« von solchen sich wiederholenden typischen »depressiven« Erfahrungen. Jeder Therapeut, jede Therapeutin kennt Situationen, in denen ein Patient tief depressiv eine zurückliegende Alltagserfahrung schildert und dann schließlich am Ende mit einem Erleben von Akzeptanz und der Einsicht in unbewusst abgelaufene Mechanismen gestärkt aus einer schwierig begonnenen Sitzung geht.

Vielleicht liegt in dieser steten Wiederholung des Verstehens und des »Herauskommens« aus der Hilflosigkeit eines der wichtigsten Wirkmomente von Psychotherapie. Hier wird ein Modell erschaffen, das vom Patienten zunehmend in das eigene Leben integriert wird und so »antidepressive« Wirkung entfalten kann. Es ist dabei angesichts der Charakteristik menschlichen Lernens leicht einzusehen, dass dies nicht mit einmaligen Deutungen oder gut gemeinten Aufforderungen erreicht werden kann.

4.4.2 »Moments of Meeting«

D. Stern (1998) geht von der Überlegung aus, dass implizites (nicht bewusstes) Wissen über Bezogenheit (»implicit relational knowledge«) ein wesentliches Merkmal unseres Bindungsverhaltens ist. Dieses Wissen steuert das »Miteinander-Vorankommen« des therapeutischen Prozesses mit seinen oft verschwommenen oder unbemerkt wechselnden Zielen und Entwicklungen (das seiner Ansicht nach viele Gemeinsamkeiten mit der frühen Mutter-Kind-Interaktion hat). Stern sieht in den häufig vorkommenden Brüchen des Verständnisses und vor allem in deren anschließender »Reparatur« einen zentralen therapeutischen Wirkaspekt (vgl. auch Safran u. Muran, 1996).

In diesem schwer vorhersagbaren Prozess kommt es nun immer wieder zu plötzlichen Momenten der Offenheit und Unbestimmtheit, zu »Sprüngen«, in denen Weichen gestellt werden für den zukünftigen Charakter der Beziehung (sog. »Now Moments« nach Stern). Diese Augenblicke sind deshalb so bedeutsam, weil sie das Potenzial enthalten, bei Patientinnen und Patienten Änderungen in ihrem impliziten Wissen über Bezogenheit/Bindung herbeizuführen. »Now Moments« sind oft Augenblicke, in denen Patienten Therapeuten direkt ansprechen, aus dem Fluss der Erzählung aussteigen, beispielsweise eine direkte Frage stellen, eine Handlung ankündigen oder offensichtlich eine typische Wiederholungsinteraktion initiieren.

Um ihr Potenzial zu entfalten, muss die Situation nach Stern von den Beteiligten so gehandhabt werden, dass daraus ein Moment der Begegnung, ein »Moment of Meeting« wird. Dieser Prozess bedarf einerseits keiner Deutung oder Verbalisierung; er »passiert« und hat zur Folge, dass sich danach die Beziehung für Patient und Therapeut verändert hat.

Andererseits sind manche Aspekte solcher »MoMs« unter Umständen doch erklärbar: Weiß und Sampson (1986) beschreiben, dass Patienten »positiv« auf Interventionen reagieren, in denen Therapeuten nicht so reagieren, wie die Patienten es aus ihrer sozialen Umgebung gewohnt sind (»Überraschungseffekt«). Diese »neuen« Aspekte beleben den therapeutischen Prozess, vermitteln Wirksamkeit und eröffnen Perspektiven. Weiß und Sampson deuten diese Phänomene so, dass hier ein unbewusster »progressiver« Wunsch der Patienten getroffen wird. Sie können ihren insgeheimen »Plan«, endlich ihre einengenden Muster zu überwinden, gemeinsam mit dem Therapeuten oder der Therapeutin etwas voranbringen.

Das eben Gesagte soll deutlich machen, dass es in jeder Psychotherapie depressiver Patienten Aspekte von Unbestimmtheit gibt, in denen die offene und zugewandte Haltung von Therapeuten Entwicklungsschritte ermöglicht, ohne dass es allein um Einsicht oder »Üben« geht.

Einen anderen, fast konträren Aspekt berühren Überlegungen zum Umgang mit Patienten, die besonders fragil, das heißt strukturell beeinträchtigt sind.

4.4.3 Bindungsbezogene Psychotherapie bei strukturellen Störungen

Solche Patientinnen und Patienten, häufig mit Persönlichkeitsstörungen (Borderline, narzisstisch), weisen neben der bekannten reduzierten Reflexionsfähigkeit, Impulssteuerung und Frustrationstoleranz oft eine Störung der Intentionalität (Lebensziele), einen Mangel der Fähigkeit zur interpersonellen Bezogenheit, eine Schwierigkeit, therapeutisch einmal Erreichtes auch zu »halten«, und eine verminderte Fähigkeit zur therapeutischen Ich-Spaltung auf. Je höher das Strukturniveau, desto stärker kann die Therapie im oben überwiegend beschriebenen Sinn konfliktorientiert, das heißt konfrontativ, regressionsfördernd und aufdeckend durchgeführt werden. Je ausgeprägter die genannten Schwächen (d. h. je niedriger das Strukturniveau), desto eher spielen *stützende, strukturbezogene* und *psychoedukative* Elemente eine Rolle (Rudolf, 2004). Strukturbezogene Interventionen sind neben dem Genannten charakterisiert durch Begrenzung von Regression, sie sind begleitend statt vor allem verstehensorientiert, abwehrstärkend statt -schwächend und Selbstbeobachtung explizit fördernd. Übertragungsbezogene Interventionen dienen hier vor allem der Klärung interpersoneller Prozesse, nicht der Aufdeckung verborgener Motive.

5 Abschließende Gedanken

Leitfaden dieses Buches ist die Bindungstheorie in ihren klinischen und entwicklungspsychologischen Anwendungen. Sie wird verstanden als integrativer Rahmen zum Verständnis depressiven Erlebens und als wegweisend für geeignete psychotherapeutische Strategien. Bindungsunsicherheit ist Ausdruck innerer Arbeitsmodelle (Repräsentanzen) von Bindung(serfahrung), die gleichwohl therapeutisch und durch andere Erfahrungen modifizierbar sind.

Ziel des ersten Teils des Buches war es, die Bezüge zwischen körperlichen (stressphysiologischen) Elementen primärer »Sicherheit« und ihren psychologischen Auswirkungen im Sinne einer verinnerlichten Co-Regulation von Stresserleben herzustellen. Weiter ging es um die prägenden Einflüsse des frühen Bindungserlebens auf die Persönlichkeitsentwicklung und auf Risikokonstellationen für depressive Erkrankungen.

Im zweiten Teil werden aus den Überlegungen zur Persönlichkeit abgeleitete psychotherapeutische Strategien beschrieben. Dabei zeigen sich meines Erachtens Berührungspunkte zwischen kognitiv-behavioraler und psychodynamischer Sicht. Die Bindungstheorie kann hier einen Bezugsrahmen für die weitere Entwicklung sinnvoller Vorgehensweisen bieten. Besonders wichtig erscheinen stützende, aktivierende und auf Emotionen fokussierende Aspekte der Verhaltens- und humanistischen Therapie sowie die Erarbeitung des Verständnisses ungünstiger Beziehungsmuster unter Mithilfe der therapeutischen Beziehung aus der psychodynamischen Therapie.

Im Verlauf von Therapien geht es um die Durcharbeitung komplexer Erlebenslagen, um die Einsicht und Akzeptanz schwieriger Gefühle, um das Erkennen ungünstiger eigener Verhaltensweisen und um »korrigierende« Erfahrungen, sei es in der Therapie, sei es zunehmend auch im sozialen Umfeld.

Der Gedanke, dass Psychotherapie die Betroffenen (wieder) dazu in die Lage versetzen soll, die heilenden (d. h. korrigierenden *und* annehmenden) Kräfte der eigenen sozialen Umgebung zu nutzen, ist meines Erachtens eine angemessene Maxime, die auch bei der oft nicht einfachen Abschätzung der nötigen Dauer und Intensität einer Therapie leitend sein kann. Dass dieses Ziel vor allem über die positive Beeinflussung von inneren Arbeitsmodellen von Bindung hin zu mehr erlebter Sicherheit erreicht werden kann, ist die Grundüberzeugung meines Buches.

Literatur

Abraham, K. (1924/1969): Versuch einer Entwicklungsgeschichte der Libido auf Grund der Psychoanalyse seelischer Störungen. In K. Abraham, Psychoanalytische Studien, Bd. 1 (S. 113–183). Frankfurt a. M.: S. Fischer.

Ainsworth, M. D., Blehar, M. C., Waters, E., Wall, S. (1978). Patterns of attachment – A psychological study of the strange situation. Hillsdale, NY: Erlbaum.

Arbeitskreis OPD (2006). Operationalisierte Psychodynamische Diagnostik – 2. Grundlagen und Manual. Bern: Huber.

Arieti, S., Bemporad, J. (1983). Depression. Krankheitsbild, Entstehung, Dynamik und psychotherapeutische Behandlung. Stuttgart: Klett-Cotta.

Balint, M. (1999). Angstlust und Regression (5. Aufl.). Stuttgart: Klett-Cotta.

Beck, A. T. (1987). Cognitive models of depression. Journal of Cognitive Psychotherapy, 1 (1), 5–38.

Beck, A. T., Bredemeier, K. (2016). A unified model of depression: Integrating clinical, cognitive, biological, and evolutionary perspectives. Clinical Psychological Science, 4 (4), 596–619.

Behringer J. (2017). Erwachsenenbindung. In B. Strauß, H. Schauenburg (Hrsg.), Bindung in Medizin und Psychologie – ein Handbuch (S. 270–281). Stuttgart: Kohlhammer. Belsky, J., Pluess, M. (2014). Beyond risk, resilience and dysregulation: Phenotypic plasticity and human development. Development and Psychopathology, 25 (4 Pt 2), 1243–1261.

Benedetti, F., Riccaboni, R. , Poletti, S. , Radaelli, D. , Locatelli, C. , Lorenzi, C., Pirovano, A. , Smeraldi, E. , Colombo, C. (2014). The serotonin transporter genotype modulates the relationship between early stress and adult suicidality in bipolar disorder. Bipolar Disorders, 16 (8), 857–866. Besser, A., Priel, B. (2005). The apple does not fall far from the tree: Attachment styles and personality vulnerabilities to depression in three generations of women. Personality and Social Psychology Bulletin, 31 (8), 1052–1073.

Bibring, E. (1952). Das Problem der Depression. Psyche – Zeitschrift für Psychoanalyse und ihre Anwendungen, 6, 81–101.

Bifulco, A., Kwon, J., Jacobs, C., Moran, P. M., Bunn, A., Beer, N. (2006). Adult attachment style as mediator between childhood neglect/abuse and adult depression and anxiety. Social Psychiatry and Psychiatric Epidemiology, 41 (10), 796–805.

Bifulco, A., Moran, P. M., Ball, C., Bernazzani, O. (2002a). Adult attachment style. I: Its relationship to clinical depression. Social Psychiatry and Psychiatric Epidemiology, 37 (2), 50–59.
Bifulco, A., Moran, P. M., Ball, C., Lillie, A. (2002b). Adult attachment style. II: Its relationship to psychosocial depressive-vulnerability. Social Psychiatry and Psychiatric Epidemiology, 37 (2), 60–67.
Blatt, S. J. (1974). Levels of object representations in anaclitic and introjective depression. Psychoanalytic Study of the Child, 29, 107–157.
Bowlby, J. (1988, dt. 1995). Bindung: historische Wurzeln, theoretische Konzepte und klinische Relevanz. In G. Spangler, P. Zimmermann (Hrsg.), Die Bindungstheorie. Grundlagen, Forschung und Anwendung (S. 17–26). Stuttgart: Klett-Cotta.
Bowlby, J. (1995). Elternbindung und Persönlichkeitsentwicklung: Therapeutische Aspekte der Bindungstheorie. Dexter.
Brown, G. W. (1998). A psychosocial perspective and the etiology of depression. In A. Honig, H. M. van Praag (Eds.), Depression: Neurobiological, psychopathological and therapeutic advances (pp. 343–363). New York: Wiley.
Carnelley, K. B., Pietromonaco, P. R., Jaffe, K. (1994). Depression, working models of others, and relationship functioning. Journal of Personality and Social Psychology, 66 (1), 127–140.
Caspi, A., Sugden, K., Moffitt, T. E., Taylor, A., Craig, I. W., Harrington, H., McClay, J., Mill, J., Martin, J., Braithwaite, A., Poulton, R. (2003). Influence of life stress on depression: Moderation by a polymorphism in the 5-HTT gene. Science, 301 (5631), 386–389.
DGPPN, BÄK, KBV, AWMF, AkdÄ, BPtK, BApK, DAGSHG, DEGAM, DGPM, DGPs, DGRW (Hrsg.) (2009). S3-Leitlinie/Nationale VersorgungsLeitlinie Unipolare Depression – Langfassung, 1. Auflage. Version 5.2009, zuletzt verändert: Juni 2015.
Dinger, U. (2017). Bindungsaspekte im Psychotherapieprozess. In B. Strauß, H. Schauenburg (Hrsg.), Bindung in Medizin und Psychologie – ein Handbuch (S. 270–281). Stuttgart: Kohlhammer.
Dozier, M., Stovall-McClough, K. C., Albus, K. E. (2008). Attachment and psychopathology in adulthood. In J. Cassidy, P. R. Shaver (Eds.), Handbook of attachment: Theory, research, and clinical applications (pp. 718–744). New York, NY, US: Guilford Press.
Dozier, M., Tyrrell, C. (1997). The role of attachment in therapeutic relationships. In J. A. Simpson, W. S. Rholes (Eds.), Attachment theory and close relationships (221–248). New York: Guilford.

Dunn, E. C., Brown, R. C., Dai, Y., Rosand, J., Nugent, N. R., Amstadter, A. B., Smoller, J. W. (2015). Genetic determinants of depression: Recent findings and future directions. Harvard Review of Psychiatry, 23 (1), 1–18.

Ehrenthal, J. C. (2017). Bindung und Psychotherapie. In B. Strauß, H. Schauenburg (Hrsg.), Bindung in Medizin und Psychologie – ein Handbuch (S. 260–269). Stuttgart: Kohlhammer.

Fearon, P., Shmueli-Goetz, Y., Viding, E., Fonagy, P., Plomin, R. (2014). Genetic and environmental influences on adolescent attachment. Journal of Child Psychology and Psychiatry, 55 (9), 1033–1041.

Fonagy, P., Leigh, T., Steele, M., Steele, H., Kennedy, R., Mattoon, G., Target, M., Gerber, A. (1996). The relation of attachment status, psychiatric classification, and response to psychotherapy. Journal of Consulting and Clinical Psychology, 64 (1), 22–31.

Freud, A. (1936). Das Ich und die Abwehrmechanismen. Wien: Internationaler Psychoanalytischer Verlag.

Freud, S. (1917). Trauer und Melancholie. GW X (S. 427–446). Frankfurt a. M.: Fischer.

Gilmer, W. S., McKinney, W. T. (2003). Early experience and depressive disorders: Human and non-human primate studies. Journal of Affective Disorders, 75 (2), 97–113.

Greenberg, M. T. (1999). Attachment and psychopathology in childhood. In J. Cassidy, P. R. Shaver (Eds.). Handbook of attachment: Theory, research and clinical applications (pp. 469–496). New York: Guilford Press.

Hardy, G. E., Aldridge, J., Davidson, C., Rowe, C., Reilly, S., Shapiro, D. A. (1999). Therapist responsiveness to client attachment styles and issues observed in client-identified significant events in psychodynamic-interpersonal psychotherapy. Psychotherapy Research, 9, 36–53.

Hawley, L. L., Ho, M. H. R., Zuroff, D. C., Blatt, S. J. (2006). The relationship of perfectionism, depression, and therapeutic alliance during treatment for depression: Latent difference score analysis. Journal of Consulting and Clinical Psychology, 74 (5), 930–942.

Heim, C., Ehlert, U., Hellhammer, D. H. (2000). The potential role of hypocortisolism in the pathophysiology of stressrelated bodily disorders. Psychoneuroendocrinology, 25 (1), 1–35.

Jokela, M., Lehtimäki, T., Keltikangas-Järvinen, L. (2007). The influence of urban/rural residency on depressive symptoms is moderated by the serotonin receptor 2A gene. American Journal of Medical Genetics. Part B, Neuropsychiatric Genetics. 144B (7), 918–922.

Karg, K., Burmeister, M., Shedden, K., Sen, S. (2011). The serotonin transporter promoter variant (5-HTTLPR), stress, and depression meta-analysis revisited: Evidence of genetic moderation. Archives of General Psychiatry, 68 (5), 444–454.

Klengel, T., Mehta, D., Anacker, C., Rex-Haffner, M., Pruessner, J. C., Pariante, C. M., Pace, T. W., Mercer, K. B., Mayberg, H. S., Bradley, B., Nemeroff, C. B., Holsboer, F., Heim, C. M., Ressler, K. J., Rein, T., Binder, E. B. (2014). Allele-specific FKBP5 DNA demethylation mediates gene-childhood trauma interactions. Nature Neuroscience, 16 (1), 33–41.

Köhling, J., Ehrenthal, J., Levy, K. N., Schauenburg, H., Dinger, U. (2015). Quality and severity of depression in borderline personality disorder: A systematic review and meta-analysis. Clinical Psychology Review, 37, 13–25.

Küchenhoff, J. (2017). Depression. Gießen: Psychosozial-Verlag.

Leichsenring, F., Schauenburg, H. (2014). Empirically supported methods of short-term psychodynamic therapy in depression – towards an evidence-based unified protocol. Journal of Affective Disorders, 169, 128–143.

Leuzinger-Bohleber, M. (2018). Chronische Depression, Trauma und Embodiment. Eine transgenerative Perspektive in psychoanalytischen Behandlungen Göttingen: Vandenhoeck & Ruprecht.

Main, M., Kaplan, N., Cassidy, J. (1985). Security in infancy, childhood, and adulthood: A move to the level of representation. Growing Points of Attachment Theory and Research. Monographs of the Society for Research in Child Development, 50 (1/2), 66–104.

Main, M., Solomon, J. (1986). Discovery of a new, insecure-disorganized/disoriented attachment pattern. In T. B. Brazelton, M. Yogman (Eds.), Affective development in infancy (pp. 95–124). Norwood, NJ: Ablex.

Malik, S., Wells, A., Wittkowski, A. (2014). Emotion regulation as a mediator in the relationship between attachment and depressive symptomatology: A systematic review. Journal of Affective Disorders, 172, 428–444.

Manes, S., Nodop, S., Altmann, U., Gawlytta, R., Dinger, U., Dymel, W., Ehrenthal, J. C., Joraschky, P., Nolting, B., Petrowski, K., Ritter, V., Schauenburg, H., Stangier, U., Willutzki, U., Strauss, B. (2016). Social anxiety as a potential mediator of the association between attachment and depression. Journal of Affective Disorders, 205, 264–268.

Marganska, A., Gallagher, M., Miranda, R. (2013). Adult attachment, emotion dysregulation, and symptoms of depression and generalized anxiety disorder. American Journal of Orthopsychiatry, 83 (1), 131–141.

Martin, A., Buchheim, A., Berger, U., Strauss, B. (2007). The impact of attachment organization on potential countertransference reactions. Psychotherapy Research, 17 (1), 46–58.

McBride, C., Atkinson, L., Quilty, L. C., Bagby, R. M. (2006). Attachment as moderator of treatment outcome in major depression: A randomized control trial of interpersonal psychotherapy versus cognitive behavior therapy. Journal of Consulting and Clinical Psychology, 74 (6), 1041–1054.

McMahon, C. A., Barnett, B., Kowalenko, N. M., Tennant, C. C. (2006). Maternal attachment state of mind moderates the impact of postnatal depression on infant attachment. Journal of Child Psychology and Psychiatry, 47 (7), 660–669.

Meins, E., Fernyhough, C., Arnott, B., Leekam, S. R., de Rosnay, M. (2013). Mind-mindedness and theory of mind: Mediating roles of language and perspectival symbolic play. Child Development, 84 (5), 1777–1790.

Mentzos, S. (2009). Lehrbuch der Psychodynamischen Psychotherapie. Die Funktion der Dysfunktionalität psychischer Störungen. Göttingen: Vandenhoeck & Ruprecht.

Mickelson, K. D., Kessler, R. C., Shaver, P. R. (1997). Adult attachment in a nationally representative sample. Journal of Personality and Social Psychology, 73 (5), 1092–1106.

Mikulincer, M., Shaver, P. R. (2008). Adult attachment and affect regulation. In P. R. Shaver, J. Cassidy (Eds.), Handbook of attachment (2nd ed.). New York: Guildford Press.

Mikulincer, M., Shaver, P. R., Peref, D. (2003). Attachment theory and affect regulation: The dynamics, development, and cognitive consequences of attachment-related strategies. Motivation and Emotion, 27 (2), 77–102.

Moore, S. R., Depue, R. A. (2016). Neurobehavioral foundation of environmental reactivity. Psychological Bulletin, 142 (2), 107–164.

Morley, T. E., Moran, G. (2011). The origins of cognitive vulnerability in early childhood: Mechanisms linking early attachment to later depression. Clinical Psychology Review, 31 (7), 1071–1082.

Pierrehumbert, B., Miljkovitch, R., Plancherel, B., Halfon, O., Ansermet, F. (2000). Attachment and temperament in early childhood: Implications for later behavior problems. Infant and Child Development, 9 (1), 17–32.

Pietromonaco, P. R., Barrett, L. F. (1997). Working models of attachment and daily social interactions. Journal of Personality and Social Psychology, 73 (6), 1409–1423.

PressDozier, M., Stovall, K. C., Albus, K. (2008). Attachment and psychopathology in adulthood. In J. Cassidy, P. R. Shaver (Eds.), Handbook of attachment: Theory, research and clinical applications (2nd ed., pp. 497–519). New York: Guilford Press.

Rado, S. (1927). Das Problem der Melancholie. International Journal of Psychoanalysis, 13, 439–455.

Ravitz, P., Maunder, R., McBride, C. (2008). Attachment, contemporary interpersonal theory and IPT: An integration of theoretical, clinical, and empirical perspectives. Journal of Contemporary Psychotherapy, 38 (1), 11–21.

Reinecke, M. A., Rogers, G. M. (2001). Dysfunctional attitudes and attachment style among clinically depressed adults. Behavioural and Cognitive Psychotherapy, 29 (2), 129–141.

Reis, S., Grenyer, B. F. (2004). Fear of intimacy in women: Relationship between attachment styles and depressive symptoms. Psychopathology, 37 (6), 299–303.

Rosenstein, D. S., Horowitz, H. A. (1996). Adolescent attachment and psychopathology. Journal of Clinical Psychology, 64 (2), 244–253.

Rudolf, G. (2003). Psychodynamische Depressionsbehandlung. Zeitschrift für Psychosomatische Medizin und Psychotherapie, 49, 363–376.

Rudolf, G. (2004). Strukturbezogene Psychotherapie. Leitfaden zur psychodynamischen Therapie struktureller Störungen. Stuttgart: Schattauer.

Safran, J. D., Muran, J. C. (1996). The resolution of ruptures in the therapeutic alliance. Journal of Consulting and Clinical Psychology, 64, 447–458.

Schauenburg, H. (2000). Psychodynamische Psychotherapie der Depression. In N. Hoffmann, H. Schauenburg (Hrsg.), Psychotherapie der Depression. Krankheitsmodelle und Therapiepraxis – störungsspezifisch und schulenübergreifend (S. 44–63). Stuttgart: Thieme.

Schauenburg, H. (2017a). Bindung und Depression. In B. Strauß, H. Schauenburg (Hrsg.), Bindung in Medizin und Psychologie – ein Handbuch (S. 179–189). Stuttgart: Kohlhammer.

Schauenburg, H. (2017b). Bindung und Struktur – Psychodynamische Psychotherapie der Depression. Psychodynamische Psychotherapie, 4, 208–218.

Schauenburg, H. (im Druck a). Kapitel 26: Depression. In A. Gumz, S. Hörz-Sagstetter (Hrsg.), Psychodynamische Psychotherapie in der Praxis. Weinheim: Beltz.

Schauenburg, H. (im Druck b). Kapitel 37: Psychotherapie der Depression. In A. Gumz, S. Hörz-Sagstetter (Hrsg.), Psychodynamische Psychotherapie in der Praxis. Weinheim: Beltz.

Shaver, P. R., Schachner, D. A., Mikulincer, M. (2005). Attachment style, excessive reassurance seeking, relationship processes, and depression. Personality and Social Psychology Bulletin, 31 (3), 343–359.

Shaw, S. K., Dallos, R. (2005). Attachment and adolescent depression: The impact of early attachment experiences. Attachment and Human Development, 7 (4), 409–424.

Simpson, J. A., Collins, W. A., Tran, S., Haydon, K. C. (2007). Attachment and the experience and expression of emotions in romantic relationships: A developmental perspective. Journal of Personality and Social Psychology, 92 (2), 355–367.

Smiley, P. A., Dweck, C. S. (1994). Individual differences in achievement goals among young children. Child Development, 65 (6), 1723–1743.

Spangler, G., Reiner, I. (2017). Kindheit und Bindungsentwicklung. In B. Strauß, H. Schauenburg (Hrsg.), Bindung in Medizin und Psychologie – ein Handbuch (S. 25–40). Stuttgart: Kohlhammer.

Sroufe, L. A. (2005). Attachment and development: A prospective, longitudinal study from birth to adulthood. Attachment and Human Development, 7 (4), 349–367.

Sroufe, L. A., Carlson, E. A., Levy, A. K., Egeland, B. (1999). Implications of attachment theory for developmental psychopathology. Developmental Psychopathology, 11 (1), 1–13.

Starr, L. R., Hammen, C., Conway, C. C., Raposa, E., Brennan, P. A. (2014). Sensitizing effect of early adversity on depressive reactions to later proximal stress: Moderation by polymorphisms in serotonin transporter and corticotropin releasing hormone receptor genes in a 20-year longitudinal study. Development and Psychopathology, 26 (4 Pt 2), 1241–1254.

Steinert, C., Munder, T., Rabung, S., Hoyer, J., Leichsenring, F. (2017). Psychodynamic therapy: As efficacious as other empirically supported treatments? A meta-analysis testing equivalence of outcomes. American Journal of Psychiatry, 174 (10), 943–953.

Steinert, C., Schauenburg, H., Dinger, U., Leichsenring, F. (2016). Psychodynamische Kurzzeittherapie der Depression – ein evidenzbasiertes vereinheitlichtes Therapieprotokoll. PPmP – Psychotherapie Psychosomatik Medizinische Psychologie, 66 (1), 9–20.

Stern, D. (1998). The process of therapeutic change involving implicit knowledge: Some implications of developmental observation for adult psychotherapy. Infant Mental Health Journal, 198 (19), 300–308.

Strauß, B., Kirchmann, H., Eckert, J., Lobo-Drost, A., Marquet, A., Papenhausen, R., Mosheim, R., Biebl, W., Liebler, A., Seidler, K. P., Schreibner-Willnow, K., Mattke, D., Mestel, R., Daudert, E., Nickel, R., Schauenburg,

H., Höger, D. (2006). Attachment characteristics and treatment outcome following inpatient psychotherapy. Psychotherapy Research, 16 (5), 579–594.

Strauß, B., Lobo-Drost, A., Pilkonis, P. A. (1999). Einschätzung von Bindungsstilen bei Erwachsenen. Zeitschrift für Klinische Psychologie, Psychiatrie und Psychotherapie, 47, 347–364.

Taylor, P. J., Rietzschel, J., Danquah, A., Berry, K. (2015). The role of attachment style, attachment to therapist, and working alliance in response to psychological therapy. Psychology and Psychotherapy: Theory, Research and Practice, 88 (3), 240–253.

Tyrrell, C., Dozier, M., Teague, G. B., Fallot, R. D. (1999). Effective treatment relationships for persons with serious psychiatric disorders: The importance of attachment states of mind. Journal of Consulting and Clinical Psychology, 67, 725–733.

van IJzendoorn, M. H. (1995). Adult attachment representations, parental responsiveness, and infant attachment: A meta-analysis on the predictive validity of the Adult Attachment Interview. Psychological Bulletin, 117 (3), 387–403.

Verhage, M. L., Schuengel, C., Madigan, S., Fearon, R. M., Oosterman, M., Cassibba, R., Bakermans-Kranenburg, M. J., van IJzendoorn, M. H. (2016). Narrowing the transmission gap: A synthesis of three decades of research on intergenerational transmission of attachment. Psychological Bulletin, 142 (4), 337–366.

Wang, Q., Shelton, R. C., Dwivedi, Y. (2018). Interaction between early-life stress and FKBP5 gene variants in major depressive disorder and post-traumatic stress disorder: A systematic review and meta-analysis. Journal of Affective Disorders, 225, 422–428.

Weaver, I. C., Cervoni, N., Champagne, F. A., D'Alessio, A. C., Sharma, S., Seckl, J. R., Dymov, S., Szyf, M., Meaney, M. J. (2004). Epigenetic programming by maternal behavior. Nature Neuroscience, 7 (8), 847–854.

Wei, M., Russell, D. W., Young, S. K., Heppner, P. P. (2006). Maladaptive perfectionism and ineffective coping as mediators between attachment and future depression: A prospective analysis. Journal of Counseling Psychology, 53 (1), 67–79.

Weiss, J., Sampson, H. (1986). The psychoanalytic process: Theory, clinical observation and empirical research. New York: Guilford Press.

Zell Roth, P., Benecke, C., Walter, M. (2017). Psychotherapeutische Tagesklinik: Konflikt- und strukturorientierte Behandlung nach Operationalisierter Psychodynamischer Therapie (OPT). Persönlichkeitsstörungen: Theorie und Therapie, 21 (2), 97–108.

Zimmermann, J., Stasch, M., Grande, T., Schauenburg, H., Cierpka, M. (2013). Der Beziehungsmuster-Q-Sort (OPD-BQS): Ein Selbsteinschätzungsinstrument zur Erfassung von dysfunktionalen Beziehungsmustern auf Grundlage der Operationalisierten Psychodynamischen Diagnostik. Zeitschrift für Psychiatrie und Psychologische Psychotherapie, 62, 43–53.